Chouette CM2

10-11 ANS

Dictées

Sophie Valle

Enseignante

Écris ton prénom.

....

Cet ouvrage est conforme à la nouvelle orthographe
www.orthographe-recommandee.info

Hatier

Ton tableau de bord

Reporte la date à laquelle tu as fini chaque page d'exercices ou dictée.

© Hatier, 8 rue d'Assas, 75006 Paris • 2019 • ISBN : 978-2-401-05034-1
Conception graphique : Frédéric Jély • Édition : Imaginemos • Mise en page : STDI
• Illustrations : Karen Laborie • Chouettes : Adrien Siroy.

Achevé d'imprimer en France par Imprimerie IPS
Dépôt légal : 05034-1/02 - Mars 2020

« Chouette bilan » : rendez-vous sur le site www.hatier-entrainement.com pour faire le bilan de tes connaissances en orthographe !

TEST

Avant de commencer les exercices et les dictées de ton cahier, réponds à ces questions. Puis consulte le tableau p. 6 pour découvrir les résultats de ton test d'orthographe !

1 **Campagne** : on écrit **n** avant **m**, **b**, **p**.
VRAI ☐ FAUX ☐

2 **Tous les jours** : avant **les**, **tous** prend un **s**.
VRAI ☐ FAUX ☐

3 **Leur** s'accorde avec le nom qui suit.
VRAI ☐ FAUX ☐

4 Avant un verbe, **leur** ne prend pas de **s**.
VRAI ☐ FAUX ☐

5 **Ce** est le féminin de **cette**.
VRAI ☐ FAUX ☐

6 **Se regarder** : on écrit **se** avant un nom.
VRAI ☐ FAUX ☐

7 **Ses** est le pluriel de **son**, **sa**.
VRAI ☐ FAUX ☐

8 « **La** » / « **là** » / « **l'a** » / « **l'as** » : on entend le même son.
VRAI ☐ FAUX ☐

9 « **On a** » / « **on n'a** » : on entend le même son.
VRAI ☐ FAUX ☐

10 « **Cousin** » / « **coussin** » : on entend le même son.
VRAI ☐ FAUX ☐

11 **Ça** / **ce** : on entend le même son « **s** ».
VRAI ☐ FAUX ☐

12 Le son « **s** » s'écrit **s**, **ss**, **ç** ou **ti**.
VRAI ☐ FAUX ☐

13 **Sans** / **s'en** : ces mots ont le même sens.
VRAI ☐ FAUX ☐

14 **Ou** /**où** : **ou** a le sens de **ou bien**.
VRAI ☐ FAUX ☐

15 **500** peut s'écrire **cinq-cent** sans **s**.
VRAI ☐ FAUX ☐

16 **Mille** ne prend jamais de **s**.
VRAI ☐ FAUX ☐

17 Une phrase se termine par **? ! .** ou **...**
VRAI ☐ FAUX ☐

18 À la fin d'une phrase, il y a **, ;** ou **:**
VRAI ☐ FAUX ☐

19 **Copier** : ce verbe est à l'infinitif.
VRAI ☐ FAUX ☐

20 **Il a copié** : **copié** est un participe passé.
VRAI ☐ FAUX ☐

21 **Je balaie** : ce verbe est à l'imparfait.
VRAI ☐ FAUX ☐

22 **J'ai compris** : **avoir** est au présent.
VRAI ☐ FAUX ☐

23 **Il a chanté** : ce verbe est au passé composé.
VRAI ☐ FAUX ☐

24 **Chanté**, **vu** sont des participes présents.
VRAI ☐ FAUX ☐

25 Le **participe passé** ne s'accorde jamais.
VRAI ☐ FAUX ☐

26 On écrit : il est **venu** / elle est **venue**.
VRAI ☐ FAUX ☐

27 **Il**, **ils** sont des **pronoms personnels**.
VRAI ☐ FAUX ☐

28 **Il ira** : c'est le verbe **être** au présent.
VRAI ☐ FAUX ☐

29 On écrit **vous criiez** à l'imparfait.
VRAI ☐ FAUX ☐

30 **Je vois.** Ce verbe est au passé simple.
VRAI ☐ FAUX ☐

31 Les verbes ont différents modes.
VRAI ☐ FAUX ☐

32 **Il y va.** C'est le verbe **aller** au présent.
VRAI ☐ FAUX ☐

33 **Je vins** : ce verbe est au futur.
VRAI ☐ FAUX ☐

34 **Nous**, **vous**, **ils** sont des adverbes.
VRAI ☐ FAUX ☐

35 **Veux-tu ?** Le sujet du verbe est **tu**.
VRAI ☐ FAUX ☐

36 **Je le sais** : **le** est le sujet du verbe.
VRAI ☐ FAUX ☐

37 **Il leur parle** : **leur** est le sujet de **il**.
VRAI ☐ FAUX ☐

38 **Je peux** : ce verbe est au mode indicatif.
VRAI ☐ FAUX ☐

39 **Les secrets** : le nom est au singulier.
VRAI ☐ FAUX ☐

40 Avant un nom, il y a **le**, **la**, **les**…
VRAI ☐ FAUX ☐

41 La plupart des noms se terminent par un **s** ou un **x** au pluriel.
VRAI ☐ FAUX ☐

42 **Oiseau**, **feu** : au pluriel, on ajoute un **s**.
VRAI ☐ FAUX ☐

43 **Clou**, **cou** : au pluriel, on ajoute un **s**.
VRAI ☐ FAUX ☐

44 **Rouge** est un verbe.
VRAI ☐ FAUX ☐

45 **Méchant** est un adjectif qualificatif.
VRAI ☐ FAUX ☐

46 **Grand**, **vert** ont un féminin et un pluriel.
VRAI ☐ FAUX ☐

47 **Des robes bleues** : au singulier, on ajoute un **s**.
VRAI ☐ FAUX ☐

48 **Méchamment** est un verbe.
VRAI ☐ FAUX ☐

49 **Encore**, **déjà**, **demain** sont des adverbes.
VRAI ☐ FAUX ☐

50 **Hier**, **tôt**, **tard** ne prennent jamais de **s**.
VRAI ☐ FAUX ☐

Résultats du test p. 6 →

Résultats du TEST

Si ta réponse est bonne, coche la case située à côté.

1	FAUX	❑	11	VRAI	❑	21	FAUX	❑	31	VRAI	❑	41	VRAI	❑
2	VRAI	❑	12	VRAI	❑	22	VRAI	❑	32	VRAI	❑	42	FAUX	❑
3	VRAI	❑	13	FAUX	❑	23	VRAI	❑	33	FAUX	❑	43	VRAI	❑
4	VRAI	❑	14	VRAI	❑	24	FAUX	❑	34	FAUX	❑	44	FAUX	❑
5	FAUX	❑	15	FAUX	❑	25	FAUX	❑	35	VRAI	❑	45	VRAI	❑
6	FAUX	❑	16	VRAI	❑	26	VRAI	❑	36	FAUX	❑	46	VRAI	❑
7	VRAI	❑	17	VRAI	❑	27	VRAI	❑	37	FAUX	❑	47	FAUX	❑
8	VRAI	❑	18	FAUX	❑	28	FAUX	❑	38	VRAI	❑	48	FAUX	❑
9	VRAI	❑	19	VRAI	❑	29	VRAI	❑	39	FAUX	❑	49	VRAI	❑
10	FAUX	❑	20	VRAI	❑	30	FAUX	❑	40	VRAI	❑	50	VRAI	❑

Si tu as entre 40 et 50 bonnes réponses

Bravo ! C'est très bien ! Et tu vas apprendre encore plus avec ce cahier ! Quand tu auras fait les exercices et la dictée préparée, tu pourras aussi demander à un adulte de te dicter les dictées non préparées situées en bas de chaque double page pour progresser davantage.

Si tu as entre 25 et 39 bonnes réponses

C'est bien ! Les exercices et les dictées préparées proposés dans ce cahier vont te permettre de réviser quelques notions d'orthographe, de grammaire ou de conjugaison que tu avais peut-être oubliées… Aide-toi du sommaire des pages 2 et 3 pour bien approfondir ces chapitres en priorité.

Si tu as entre 1 et 24 bonnes réponses

Ce cahier va être très utile pour t'aider à préparer les dictées proposées. Lis à chaque fois attentivement les encadrés leçon. Ensuite seulement tu pourras faire les exercices de préparation, puis la dictée préparée. N'oublie pas de te reporter aux pages Mémo à la fin de l'ouvrage.

Sur le site **www.hatier-entrainement.com**, tu trouveras aussi des dictées enregistrées pour t'entrainer.

Présentation

Ce cahier aidera votre enfant à consolider ses acquis et à s'évaluer en **orthographe** durant son année de **CM2**. En effet, il ne suffit pas d'apprendre ses leçons : il faut aussi pratiquer et s'entrainer.

- Chaque chapitre comporte 2 pages.
- Les exercices et les dictées reprennent de façon systématique toutes les notions abordées en classe.
- Ils assurent ainsi, par une mise en application répétée de la règle, une parfaite acquisition des connaissances et des savoir-faire attendus.

TEST

■ Avant de commencer les exercices du cahier, votre enfant peut faire le **test d'orthographe** pages 4 et 5 pour évaluer son niveau. En fonction de ses résultats (page 6), et en consultant ensuite le sommaire des pages 2-3, vous pourrez facilement repérer les notions à réviser en priorité. Cependant, il lui est également possible de travailler les chapitres dans l'ordre où ils sont proposés.

CONSEILS PARENTS
Faites remarquer à votre enfant que le passé simple s'emploie surtout à l'écrit, dans un récit : C'est alors qu'apparut un chevalier qui le salua.

■ Pour chaque chapitre, à titre de préparation de la dictée, la rubrique **JE COMPRENDS** propose une **leçon** de **conjugaison** et d'**orthographe d'usage**, suivie d'**exemples**. Très souvent, un **CONSEIL PARENTS** vous donnera une information pour vous aider à accompagner votre enfant dans son apprentissage de l'orthographe : cela peut être un conseil pratique, ou des exemples à prendre dans la vie quotidienne…

Quand tu emploies un verbe à l'imparfait, imagine que chaque phrase commence par **Autrefois** ou **Souvent**.

■ Les **exercices** ont pour objectif de préparer la dictée et d'optimiser l'assimilation des connaissances. Une petite **ASTUCE** , sur fond bleu, donne régulièrement à votre enfant un coup de pouce pour l'aider à résoudre un exercice.

■ Chaque leçon propose également une **dictée préparée** et une **dictée non préparée**. Vous pourrez lire le texte en entier à votre enfant, puis le reprendre phrase par phrase, en lui laissant le temps d'écrire chaque phrase dictée, avant une relecture finale. Si la dictée est notée sur 10, on ôtera 2 points par faute de conjugaison ou d'accord (singulier/pluriel), 1 point par faute d'orthographe d'usage (sons mal orthographiés, lettres oubliées…). Si votre enfant a fait plus de 5 fautes, demandez-lui de recopier la dictée.

■ Au centre du cahier, les **corrigés détachables** permettent la vérification des acquis et l'évaluation des résultats par votre enfant, seul ou aidé d'un adulte.

■ Dans les dernières pages de ce cahier, votre enfant trouvera un **Mémo** avec les conjugaisons des verbes qu'il doit impérativement connaitre, ainsi qu'une liste de mots à réviser.

■ Votre enfant pourra s'entrainer encore davantage grâce à des exercices supplémentaires et gratuits, ainsi que des dictées enregistrées, proposés sur le site www.hatier-entrainement.com.

■ Dans ce cahier, certains mots sont écrits selon les prérogatives du Ministère de l'Éducation nationale, recommandant d'appliquer la nouvelle orthographe. Par exemple, le mot « goûter » devra dorénavant s'écrire « gouter » ou encore le mot composé « des après-midi » s'écrira « des après-midis ». Dans le livret des corrigés, nous proposerons donc l'ancienne orthographe entre parenthèses juste derrière la nouvelle pour que vous puissiez mieux accompagner votre enfant dans cette démarche de simplification.

DICTÉE

1 Préparation à la dictée

JE COMPRENDS

▸ Le présent de l'indicatif Tu vas à l'école.

Au **présent** de l'indicatif, **tous les verbes** n'ont **pas la même terminaison**.

SE PRÉPARER	DORMIR	S'EN ALLER
je me prépar**e**	je dor**s**	je m'en **vais**
tu te prépar**es**	tu dor**s**	tu t'en **vas**
il (elle) se prépar**e**	il (elle) dor**t**	il (elle) s'en **va**
nous nous prépar**ons**	nous dorm**ons**	nous nous en **allons**
vous vous prépar**ez**	vous dorm**ez**	vous vous en **allez**
ils (elles) se prépar**ent**	ils (elles) dorm**ent**	ils (elles) s'en **vont**

Apprends par cœur la conjugaison de ces verbes puis récite-la.

▸ Les verbes commençant par ap-

Les verbes commençant par **ap-** prennent en général **deux p**.

a**pp**eler – a**pp**orter – a**pp**rivoiser – a**pp**rocher – a**pp**rendre…

Sauf :

a**p**ercevoir – a**p**aiser – a**p**itoyer – a**p**latir – a**p**lanir – a**p**eurer – a**p**ostropher…

CONSEILS PARENTS

Chaque leçon se compose de deux parties : une conjugaison puis une question d'orthographe. Lisez ces deux points avec votre enfant. Demandez-lui de réciter la conjugaison.

Tu retrouveras tous les mots des exercices 1 et 2 dans la dictée préparée p. 9.

1 Le présent de l'indicatif. Mets les verbes suivants à la personne demandée.

- Ils passent. → Il ……………………………
- Ils dorment. → Il ……………………………
- Il s'habille. → Ils ……………………………
- Il aperçoit. → Ils ……………………………
- Ils appellent. → Il ……………………………
- Ils s'arrêtent. → Il ……………………………
- Il part. → Ils ……………………………
- Il s'en va. → Ils ……………………………

2 Les mots difficiles. Complète le texte avec les mots suivants : villa – d'habitude – soudain – net – Aujourd'hui – à l'heure – début – bleu(e) – mystérieuse.

……………………………, comme tous les jours …………………………… du petit déjeuner, Albert, le facteur, va prendre à la poste du village la sacoche pleine de lettres à distribuer. Mais il décide de commencer sa tournée par la jolie maison ……………………………, ou plutôt la …………………………… de la jeune et …………………………… demoiselle arrivée depuis peu au pays et qui, ……………………………, ne reçoit jamais de courrier : il vient de voir qu'il y a un pli pour elle. Mais ……………………………, il s'arrête …………………………… : un coup de révolver vient de le faire sursauter. C'est le …………………………… d'une longue histoire que la police va essayer d'éclaircir.

DICTÉE PRÉPARÉE Un mystère

Ce matin, comme tous les jours depuis le début de l'été, les enfants s'habillent, se préparent et partent pour la plage avec leurs animateurs. Soudain, sur le chemin, David s'arrête net. Il appelle Antoine et Samira. D'habitude, à l'heure où ils s'en vont, la mystérieuse villa bleue dort encore. Aujourd'hui, par la grille ouverte, ils aperçoivent portes cassées et vitres brisées. Que se passe-t-il ?

à suivre…

CONSEILS PARENTS

Lisez le texte en entier une première fois. Puis dictez chaque phrase lentement à votre enfant et répétez-la pendant qu'il écrit. Lorsque tout le texte a été dicté, relisez-le à haute voix une dernière fois pendant que votre enfant regarde ce qu'il a écrit. Il peut encore le relire une fois à voix haute.
Un mystère est le début de l'aventure que vivront les enfants de la colonie de vacances à la recherche du Professeur Sic (c'est ainsi, en latin). Suivez-en les épisodes avec votre enfant tout au long des dictées préparées.

3 Le présent de l'indicatif. Conjugue le verbe apporter.

j'……………… nous ………………

tu ……………… vous ………………

il (elle, on) ……………… ils (elles) ………………

Conjugue le verbe apercevoir. (Attention au ç devant o !)

j'……………… nous ………………

tu ……………… vous ………………

il (elle, on) ……………… ils (elles) ………………

4 Le pluriel. Mets au pluriel les groupes de mots suivants.

- cet incroyable mystère → ces ………………
- une vitre brisée → des ………………

Quand tu emploies un verbe au **présent**, imagine que chaque phrase commence par **Maintenant**.

Et maintenant, fais-toi dicter le texte ci-dessous.

DICTÉE NON PRÉPARÉE Un virus s'explique

Je suis un virus. Mon nom signifie « poison » et j'en suis un, en effet. Je suis infiniment petit, mais néanmoins capable de déclencher des maladies terribles : la rage, la fièvre jaune, la variole. Lorsque je prends une autre forme, je donne le rhume, la grippe, la rougeole, la varicelle… On me connait depuis des siècles. Mon nom est latin, mais déjà on l'écrivait en hiéroglyphes chez les anciens Égyptiens. Vous m'entendez ricaner ? C'est que, sous une appellation ou une autre, je suis sûr de vivre encore très longtemps !

CONSEILS PARENTS

- *Après la dictée, soulignez les fautes de votre enfant, mais surtout félicitez-le pour tous les mots bien écrits !*
- *connaît → connait.*

Corrigés p. 2

DICTÉE 2

Préparation à la dictée

JE COMPRENDS

L'imparfait de l'indicatif J'habitais là, autrefois.

À l'**imparfait** de l'indicatif, **les verbes** ont tous les **mêmes terminaisons**.

HABITER	SAVOIR	VOIR
j'habit**ais**	je sav**ais**	je voy**ais**
tu habit**ais**	tu sav**ais**	tu voy**ais**
il (elle) habit**ait**	il (elle) sav**ait**	il (elle) voy**ait**
nous habit**ions**	nous sav**ions**	nous voy**ions**
vous habit**iez**	vous sav**iez**	vous voy**iez**
ils (elles) habit**aient**	ils (elles) sav**aient**	ils (elles) voy**aient**

Apprends par cœur la conjugaison de ces verbes puis récite-la.

a ou à

– **a sans accent** (verbe **avoir**) peut être remplacé par **avait**.

Samuel **a** (avait) des amis.

– **à avec accent** ne peut pas être remplacé par **avait**. Félix va **à** l'école.

CONSEILS PARENTS

Donnez à votre enfant des exemples de phrases à l'imparfait qui commencent par hier ou avant-hier : Hier, j'étais... / Avant, je vivais, etc. Faites-lui remarquer que les terminaisons sont les mêmes pour tous les verbes. Demandez-lui ensuite de réciter les trois conjugaisons.

1 **L'imparfait de l'indicatif.**
Souligne en bleu le sujet de chaque verbe, puis complète le verbe à l'imparfait de l'indicatif.
Souligne ensuite en rouge le verbe.

- Maria, la cuisinière, parl................ une langue étrangère.
- Elle ét................ énorme.
- L'homme s'appel................ Jean.
- Le professeur s'en all................ .
- Qui habit................ là ?
- Trois personnes le sav.......... .
- Sa mère lui interdis.......... de jouer avec nous.
- Il port................ un chapeau. • On le voy................ se promener.

Pour trouver le sujet du verbe, pose la question **Qui est-ce qui... ?** suivie du verbe : *Qui est-ce qui parlait ? Qui est-ce qui disait ?*

2 **a ou à ?**
Complète les phrases suivantes avec a ou à.

• Nous sommes allés .... la piscine jeudi. • Le planeur est un avion qui n'....... pas de moteur. • Il .... eu une bonne note en maths. • La chienne que Marc .... trouvée appartient .... ma voisine. • Quand il va .... l'école, il s'arrête toujours .... la boulangerie. • Pierre ira .... la montagne cet hiver.
• Savez-vous qui .... écrit ce livre ?

DICTÉE PRÉPARÉE **Le professeur Sic**

Mais qui donc habitait la mystérieuse villa bleue ?
Les vingt-trois enfants de la colonie voisine ne savaient pas grand-chose. L'homme, un savant, s'appelait le professeur Sic. Il était grand, blond, et portait d'énormes lunettes cerclées de fer. On ne le voyait que le soir, allant promener son chien. Il interdisait à sa fille de jouer sur la plage. Et la cuisinière, Maria, ne parlait pas français !

à suivre...

CONSEILS PARENTS
Avant la dictée, posez des questions à votre enfant : avec quel mot le verbe s'accorde-t-il ? Le nom ou l'adjectif sont-ils au pluriel ? Ici, vous pouvez par exemple lui demander comment se terminent les verbes à l'imparfait : -ait ou -aient ? Et comment écrira-t-il lunettes cerclées, de jouer ?

3 L'imparfait de l'indicatif. Mets à l'imparfait les verbes entre parenthèses.

Ma grand-mère (*aimer*) .... nous raconter des épisodes de sa propre enfance. « L'école (*être*) .... si loin, (*dire*) ....-elle, qu'il ne nous (*être*) .... pas possible de revenir déjeuner, à midi, à la maison. Alors nous (*être*) .... obligés d'emporter notre repas dans notre cartable. À cette époque, les cantines n'existaient pas ! Après l'école, l'hiver, la nuit (*tomber*) .... déjà lorsque nous (*sortir*) .... et, fatigués, nous (*devoir*) .... marcher très longtemps dans la neige avant d'arriver chez nous. Les grands bols de lait chaud qui nous (*attendre*) .... nous (*réchauffer*) .... et nous (*récompenser*) .... de notre peine.

Quand tu emploies un verbe à **l'imparfait**, imagine que chaque phrase commence par **Autrefois** ou **Souvent**.

Et maintenant, fais-toi dicter le texte ci-dessous.

DICTÉE NON PRÉPARÉE **La fête des Fous**

Au Moyen Âge, on célébrait chaque année la fête des Fous, en décembre ou en janvier. Elle était annoncée la veille, au son des trompettes, à tous les carrefours. Alors on dansait dans les rues, on y donnait des spectacles ; on y faisait des farces. Il y avait des jongleurs, des acrobates. Sur les places publiques, on faisait des feux de joie. Et chaque année, avec grande impatience, tout le monde attendait cette fête joyeuse, riante, bruyante pendant laquelle tout était permis.

CONSEILS PARENTS
Posez des questions à votre enfant sur le texte pour vous assurer qu'il en a bien compris le sens. Que se passait-il le jour de la fête des Fous ?

Corrigés p. 2

DICTÉE

3 Préparation à la dictée

JE COMPRENDS

Le futur de l'indicatif J'irai demain.

Au **futur**, les **terminaisons** des verbes sont **toujours précédées** de **-r**.

ALLER	VENIR	FAIRE
j'i**rai**	je vienD**rai**	je fe**rai**
tu i**ras**	tu viend**ras**	tu fe**ras**
il (elle) i**ra**	il (elle) viend**ra**	il (elle) fe**ra**
nous i**rons**	nous viend**rons**	nous fe**rons**
vous i**rez**	vous viend**rez**	vous fe**rez**
ils (elles) i**ront**	ils (elles) viend**ront**	ils (elles) fe**ront**

Apprends par cœur la conjugaison de ces verbes puis récite-la.

Les mots invariables

Certains mots s'écrivent toujours de la même manière.

bientôt – alors – partout – autour – depuis – pendant – parfois – quelquefois – souvent – car – donc – dont – or – loin – avant-hier…

CONSEILS PARENTS

Voici la conjugaison de trois verbes irréguliers au futur. Les terminaisons sont néanmoins les mêmes : r suivi de -ai, -as, -a, -ons, -ez, -ont. Demandez à votre enfant de les réciter pour bien les mémoriser.

1 Le futur de l'indicatif.
Mets les verbes entre parenthèses au futur.

- Il (*raconter*) .... tout. • Elle (*venir*) .... avec deux policiers. • Je (*faire*) .... cela. • Ils (*terminer*) .... leur jeu demain. • Il (*aller*) .... le chercher.
- Nous (*demander*) .... un plan des lieux.
- Tu la (*regarder*) .... partir.

2 Les mots difficiles. Complète le texte avec les mots suivants :
à qui –il faudra – emmenant – Voici comment – Pendant que – L'enlèvement du savant.

Nous allons construire une cabane, dit Jules en .... ses camarades à l'écart pour que les grandes personnes n'entendent pas. .... nous allons faire. D'abord, ... rassembler des buches, des branches et des branchages. .... les uns iront dans la forêt, les autres se rendront chez le fermier voisin .... ils emprunteront les outils dont nous aurons besoin. Et puis, nous jouerons la pièce « .... » !

Lis toute la phrase avant d'écrire le mot qui la complétera. Barre aussitôt dans la liste celui que tu as écrit.

DICTÉE PRÉPARÉE **Un enlèvement**

— Voici comment nous ferons, dit Pierre, l'animateur à qui les enfants viennent de tout raconter. D'abord, il faudra savoir où sont le savant et sa fille : sept d'entre vous viendront avec moi dans la maison pendant que sept autres iront avec l'animatrice examiner l'extérieur de la villa. Pierre vient à peine de terminer sa phrase que Julia appelle tout le monde : dans une voiture verte, deux hommes en noir emmènent le professeur Pic !

à suivre...

CONSEILS PARENTS
Avant de dicter le texte, lisez-le à haute voix et arrêtez-vous pour demander à votre enfant comment se terminent les verbes, et comment il écrira voici, de terminer, (elle) appelle, professeur.

3 **Le futur de l'indicatif. Dans les phrases suivantes, mets les verbes au futur et à la personne indiquée.**

- Je travaille. → Elles ....
- Tu prends le train. → On ....
- Il part tout de suite. → Je ....
- Je m'enfuis. → Il ....
- Tu achètes un nouvel album. → Nous ....
- Il fait un exercice. → Tu ....

Quand tu écris un verbe au **futur**, imagine que chaque phrase commence par **Bientôt** ou **Demain**.

4 **Le futur immédiat. Complète les phrases avec ces verbes à l'infinitif : appeler – parler – aller – chercher – écouter – acheter.**

- Je vais .... et vous allez m'.................... , dit le professeur.
- Où est-il ? On va le .... ! • Il va t'.................... ce soir.
- Nous allons .... ce nouveau livre.
- Ils vont tous y ....

Et maintenant, fais-toi dicter le texte ci-dessous.

DICTÉE NON PRÉPARÉE **Mission impossible**

Sur la plage, les animateurs appellent les enfants de la colonie.
— Nous allons organiser un nouveau jeu : « Mission impossible » ! Serez-vous plus forts que nous, les adultes ? Nous allons lancer des ballons sur vous et vous devrez les éviter. Difficile ! Mais lorsque vous poserez la main sur la pyramide qui est là, derrière vous, on ne pourra plus vous toucher...
Finalement, les enfants gagneront la partie, et ce jeu deviendra vite leur préféré.

Corrigés p. 2

DICTÉE 4

Préparation à la dictée

JE COMPRENDS

Le passé composé des verbes entrer et voir Il est rentré ?

On forme le **passé composé** en conjuguant **être** ou **avoir** au **présent** et en les faisant suivre du **participe passé du verbe**.

ENTRER		VOIR	
je suis entr**é(e)**	nous sommes entr**é(e)s**	j'ai **vu**	nous avons **vu**
tu es entr**é(e)**	vous êtes entr**é(e)(s)**	tu as **vu**	vous avez **vu**
il (elle) est entr**é(e)**	ils (elles) sont entr**é(e)s**	il (elle) a **vu**	ils (elles) ont **vu**

Apprends par cœur la conjugaison de ces verbes puis récite-la.

tout, toute, tous ou toutes

Tout placé **devant un nom s'accorde avec lui**.

tou**t** le monde – tou**te** la famille – tou**s** les enfants – tou**tes** les fois

CONSEILS PARENTS

Le passé composé est très souvent utilisé : Hier, je suis rentré à... Hier, j'ai vu... Demandez à votre enfant de lire les deux conjugaisons puis de les réciter.

1 Le passé composé.
Écris le participe passé des verbes.

- J'ai (*délivrer*) .... les prisonniers. • On a déjà (*voir*) .... ce film. • Est-ce que je vous ai (*parler*) .... de mon frère ?
- On a (*enlever*) .... un savant. • Elle a (*expliquer*) .... la leçon. • Pierre est (*entrer*) .... , affolé.
- On a (*emmener*) .... le professeur Sic.

Quand tu dois écrire un verbe au **passé composé**, imagine que chaque phrase commence par **L'autre jour**.

2 Couper un mot en fin de ligne.
Sépare chaque syllabe prononcée, comme dans l'exemple : co-lo-nie.

- bureau → ....
- expliquer → ....
- monitrice → ....
- voiture → ....
- enfonçant → ....
- désordre → ....

3 Les mots difficiles. Complète le texte avec les mots suivants :
Quand – Hier – enfonçant – connaitre – m'emmener.

.... , comme tous les mercredis, j'ai voulu faire du bricolage. Mais je ne suis pas très adroit : en .... un clou avec un marteau, je me suis tapé sur les doigts. Il a fallu .... à la pharmacie pour me faire soigner. .... le pharmacien, qui commence à bien me .... , m'a vu arriver, il n'a pas été étonné car cela m'arrive souvent !

DICTÉE PRÉPARÉE

La lettre d'Antoine

Chers parents,
Hier, on a enlevé le professeur Pic, ce savant dont je vous ai parlé dans ma dernière lettre. En entrant dans sa villa, on a vu toutes les pièces en désordre et, dans le bureau, tous les tiroirs renversés. J'ai délivré sa fille en enfonçant une porte fermée à clé. Elle a expliqué que son père était le seul homme au monde à connaitre les secrets d'un livre très ancien de science magique. C'est pour le faire parler qu'on l'a emmené.

à suivre...

CONSEILS PARENTS

- *Après la dictée, soulignez les fautes de votre enfant, mais surtout félicitez-le pour tous les mots bien écrits.*
- *Clé ou clef.*
- *Connaître → connaitre.*

4 Le passé composé. Écris au passé composé les verbes entre parenthèses.

Maxime (*voir*) .... , dimanche dernier, une exposition de peinture. Il (*revenir*) .... à la maison enthousiasmé, et il (*décider*) .... de devenir peintre lui-même. Il (*sortir*) .... ses pinceaux et il (*commencer*) .... à représenter de grands soleils brillants. Tout le monde (*admirer*) .... ses dessins !

5 tout(e), toute(s), tous devant un nom. Complète le texte suivant.

- .... les enfants ont compris.
- .... la classe est venue.
- J'aime .... les couleurs de l'arc-en-ciel.
- Il a fait .... le travail qu'on lui demandait.
- .... les élèves écoutent.

Souviens-toi que **tout** placé **devant un nom** s'accorde avec lui : tou**s** les enfant**s**, tout**e** la vie, tout**es** les fille**s**...

Et maintenant, fais-toi dicter le texte ci-dessous.

DICTÉE NON PRÉPARÉE

Rien que pour vous

Vous avez mis l'univers à contribution, rien que pour vous loger. Un architecte a tracé les plans de votre maison. Un ouvrier a creusé les fondations, un autre a dressé les murs. Un autre encore a fabriqué les tuiles. Un plâtrier puis un peintre ont revêtu les murs de plâtre et de peinture. Un vitrier a posé les vitres et un menuisier a découpé les portes. Que de miracles ont été accomplis, rien que pour votre maison !

D'après **E. About**, *L'ABC du travailleur*.

Corrigés p. 2

DICTÉE 5

Préparation à la dictée

JE COMPRENDS

Le passé simple Elle commença son récit.

Au **passé simple**, **tous les verbes** n'ont **pas la même terminaison**.
Le **passé simple** s'emploie surtout **à l'écrit**.

Verbe du 1er groupe COMMENCER		Verbe du 2e groupe FINIR	
je commenç**ai**	nous commenç**âmes**	je fin**is**	nous fin**îmes**
tu commenç**as**	vous commenç**âtes**	tu fin**is**	vous fin**îtes**
il (elle) commenç**a**	ils (elles) commenc**èrent**	il (elle) fin**it**	ils (elles) fin**irent**

Apprends par cœur la conjugaison de ces verbes puis récite-la.

m devant m, b et p
Devant **m**, **b** et **p**, la lettre **n** devient **m**.

la ca**m**pagne – i**m**patient – la cha**m**bre – e**m**mailloter – to**m**ber – e**m**mener – e**m**porter...

Sauf dans :

le bo**n**bon – la bo**n**bonnière – la bo**n**bonne – l'embo**n**point – néa**n**moins...

CONSEILS PARENTS
Faites remarquer à votre enfant que le passé simple s'emploie surtout à l'écrit, dans un récit : C'est alors qu'apparut un chevalier qui le salua. Demandez-lui d'épeler les terminaisons des deux verbes.

Quand tu écris un verbe au **passé simple**, imagine un récit écrit **d'évènements passés** : À la suite de cela, ils...

1 Le passé simple. Mets les verbes entre parenthèses au passé simple.

Les nains se (*réunir*) .... et on (*donner*) .... la parole à Distrait, l'aîné, qui tout d'abord ne se (*rappeler*) .... plus ce qu'il avait à dire. Il (*bafouiller*) .... quelques mots, puis (*finir*) .... par expliquer qu'il avait à se plaindre de l'indiscipline de tous. « Mais qu'est-ce que tu veux dire par indiscipline ? » (*demander*) .... Simplet. « Personne ne m'écoute jamais ! Quand je dis que l'heure du coucher est fixée à neuf heures et demie, ce n'est pas à dix heures ! » Alors chacun (*commencer*) .... à se justifier ; même Timide (*oser*) .... se défendre, disant que ce n'était pas sa faute s'il ne parvenait pas à interrompre sa lecture au milieu d'un conte des *Mille et Une Nuits !*

2 Le pluriel. Mets au pluriel les groupes de mots suivants.

- une recette magique → des ....
- un pouvoir extraordinaire → des ....
- une catastrophe → des ....
- un outil mal utilisé → des ....

DICTÉE PRÉPARÉE Un livre étrange

Les enfants se réunirent pour décider ensemble
de la marche à suivre. Ariane, la fille du professeur Pic,
donna tous les détails afin de les aider. Elle commença ainsi :
— Mon père possède un livre unique au monde. Ce livre est
dans une langue que lui seul peut comprendre et qui contient
des recettes magiques donnant des pouvoirs extraordinaires.
Mais, mal utilisés, ces pouvoirs provoquent des catastrophes.

à suivre…

CONSEILS PARENTS

Avant de dicter le texte, demandez à votre enfant comment il écrira : se réunirent, commença mais aussi pour décider, mal utilisés.
Après la dictée, demandez-lui systématiquement de se relire et de vérifier ce qu'il a écrit.

3 m devant m, b et p. Complète les mots suivants.

- un e……lèvement • le cha……p • le ca……p • le bo……bon • e……mener
- la cha……bre • enfo……cer • néa……moins • la bo……bonne • e……se……ble

4 Du passé simple au présent de l'indicatif. Réécris au présent.

- Il commença à travailler. → Maintenant, ……………………………………
- Nous commençâmes à nous installer. → ……………………………………
- Ils commencèrent à s'amuser. → ……………………………………

5 Le passé simple. Relie le sujet au verbe qui convient.

je •	• chantèrent
tu •	• chanta
il •	• chantas
ils •	• chantai

Commence par **je**, à gauche, en lisant toutes les suites possibles de la colonne de droite. Trace ensuite un trait au crayon pour pouvoir l'effacer si c'est faux.

Et maintenant, fais-toi dicter le texte ci-dessous.

DICTÉE NON PRÉPARÉE Le diable et les fantômes

En Irlande, on pense que la nuit du 31 octobre au 1er novembre
est la nuit la plus dangereuse de l'année. Le diable rôde dans
les campagnes et sur la lande, et il emporte les voyageurs égarés.
Cette nuit-là, les fantômes entrent dans les maisons qu'ils ont
habitées lorsqu'ils étaient vivants : on les voit près des cheminées
ou assis dans les fauteuils qui étaient les leurs. On pense
devenir fou, car ils sont partout. Heureusement, dès l'aube,
le diable retourne en enfer et les fantômes s'évanouissent.

Corrigés p. 2-3

DICTÉE

6 Préparation à la dictée

JE COMPRENDS

Le conditionnel présent J'irais (si je pouvais)...

Le **conditionnel** sert à exprimer une **condition**, une **supposition**, un **souhait**. Au **conditionnel présent**, les **terminaisons** des verbes sont **toujours précédées** de **-r**.

SOUHAITER	FINIR	ALLER
je souhaite**rais**	je fini**rais**	j'i**rais**
tu souhaite**rais**	tu fini**rais**	tu i**rais**
il (elle) souhaite**rait**	il (elle) fini**rait**	il (elle) i**rait**
nous souhaite**rions**	nous fini**rions**	nous i**rions**
vous souhaite**riez**	vous fini**riez**	vous i**riez**
ils (elles) souhaite**raient**	ils (elles) fini**raient**	ils (elles) i**raient**

Apprends par cœur la conjugaison de ces verbes puis récite-la.
Attention ! Certains verbes, comme **courir**, **voir**, **envoyer**, **mourir** et **pouvoir**, s'écrivent au conditionnel avec **deux r**.

at- ou att-

Les mots commençant par **at-** prennent généralement **deux t**.

attraper – atterrir – attention – une attaque – attacher – attendre...

Sauf : atrophie – atroce – atelier – atome – atlas...

CONSEILS PARENTS

Le conditionnel est souvent employé pour exprimer un souhait : J'aimerais... Je voudrais... Ou pour marquer une condition : Si je finissais assez tôt, je sortirais... Mais attention ! Il ne faut pas confondre, à la 1re personne du singulier, la terminaison -rais du conditionnel présent avec -rai, celle du futur.

1 **Le conditionnel présent et le futur de l'indicatif.**
Complète les phrases avec les verbes suivants :
serez – proposerai – demanderez – faudrait – pourrait.

– Voulez-vous que je vous présente un tour de magie ? Oui ? Il me .... un jeu de cartes. Qui .... aller m'en chercher un ? Vous .... étonnés par ce qui va se passer. Vous vous .... quelle est l'astuce. Ensuite, je vous .... une explication.

2 **Les mots difficiles.**
Complète le texte avec les mots suivants :
peut-être – Quand – d'abord – pendant ce temps – votre village – où.

« Mesdames et messieurs, approchez ! Notre cirque vient d'installer son chapiteau dans .... pour toute la semaine. .... je vous présenterai le programme du cirque, vous croirez .... rêver. Vous verrez .... le célèbre clown Auguste ; .... , nos acrobates voltigeront au-dessus des gradins .... vous êtes assis. »

Recopie attentivement les mots de cet exercice : tu les retrouveras dans la dictée préparée p. 19.

DICTÉE PRÉPARÉE Un plan

— Quand vous serez tous attentifs, dit Jean aux enfants, je proposerai un plan. Voilà. Pour savoir où est le professeur Pic, il faudrait d'abord interroger toutes les personnes du village. Vous irez par groupe de trois, et vous demanderez la direction prise par la voiture. Vous demanderez aussi des renseignements sur les deux hommes en noir. Ma camarade Alice et moi irons, pendant ce temps, avec Maria dans le bureau du professeur pour voir quels papiers manquent. Mais voici Ariane, qui pourrait peut-être nous en dire plus.

à suivre…

CONSEILS PARENTS

Faites remarquer à votre enfant qu'une liaison entre les mots peut lui en indiquer l'orthographe : dans tous attentifs, on entend le « s » de tous. Demandez-lui aussi comment il écrira : interroger, quels papiers manquent.

3 Les verbes commençant par at-. Mets les verbes en italique à l'infinitif.

- Le chat *a attrapé* la souris. → verbe : ....
- Autrefois, on *attelait* les bœufs. → verbe : ....
- L'avion *atterrit*. → verbe : ....
- Monsieur Seguin *attachait* ses chèvres. → verbe : ....
- Il *a atteint* son but. → verbe : ....
- Personne ne l'*a attaqué*. → verbe : ....

4 Les familles de mots. Trouve des mots de la même famille que :

- attirer → ....
- attention → ....
- attrister → ....
- atterrir → ....

Souviens-toi que les mots de la **même famille** ont le plus souvent une **orthographe semblable** : interroger / interrogation – attentif / attention...

Et maintenant, fais-toi dicter le texte ci-dessous.

DICTÉE NON PRÉPARÉE Les souhaits

Si j'étais architecte, je bâtirais de beaux palais, mais si j'étais maçon, je ferais pour vous de jolies maisons.
Si j'étais cosmonaute, j'explorerais des milliers de mondes, mais si j'étais dans une fusée, j'attraperais des étoiles pour m'amuser.
Si j'étais chercheur, je n'irais pas chercher midi à quatorze heures, mais je finirais par savoir où se trouve le bonheur.

Corrigés p. 3

Bilan

1 Les majuscules

Ajoute les majuscules qui manquent.
Compte 2 points par bonne réponse.

.....oici hélas la fin de l'été. .....e ciel n'est plus aussi bleu. .....éjà, les mouettes reprennent possession de la plage. .....ientôt la fin des vacances !

.....u revoir, Soleil !

Note ..../ 10

2 Le pluriel

Mets au pluriel tous les éléments de la phrase.
Compte 2 points par bonne réponse.

- Il appelle l'enfant. → Ils ....
- C'est un enlèvement mystérieux. → ....
- Il parle au savant. → ....
- Elle viendra avec une clé. → ....
- Il a un secret. → ....

Note ..../ 10

3 p ou pp, t ou tt ?

Complète si nécessaire avec un deuxième p ou t.
Compte 1 point par bonne réponse.

• ap.....eler • ap.....ercevoir • ap.....orter • at.....errir

• ap.....latir • ap.....artenir • ap.....rocher • ap.....rendre

• at.....aquer • at.....omiser

Note ..../ 10

4 Dictée préparée

Écris les verbes entre parenthèses aux temps demandés :
présent de l'indicatif (P), futur (F), passé composé (PC), conditionnel (C).
Fais-toi dicter le texte. Compte 2 points par bonne réponse.

– Tu (*devoir,* C) .... te préparer. Bientôt, les moniteurs (*venir,* F) .... te chercher. J'(*préparer,* PC) .... des sandwichs. Tu (*pouvoir,* P) .... te dépêcher, s'il te (*plaire,* P) .... !

Note (préparation) ..../ 10

Note (dictée) ..../ 10

5 **Dictée non préparée**
Les temps de l'indicatif

J'avais 12 ans en l'an 1800

Mes parents étaient paysans. J'avais dix frères et une sœur. Dans ma famille, tout le monde travaillait dans les champs, même mes grands-parents. C'était un dur labeur. Mais moi, j'ai eu de la chance. Le curé du village m'a pris en amitié et m'a appris à lire. Bientôt, je saurai aussi compter.
Plus tard, si le comte, notre maitre, l'accepte, je tiendrai ses registres. Mon père dit qu'ainsi ma vie sera meilleure que celle de mes frères et de ma sœur.

CONSEILS PARENTS
maître → maitre.

Note ..../ 10

6 **Dictée non préparée**
Le présent de l'indicatif

Les objets inutiles

– À quoi servons-nous, désormais ? se lamentent tous les objets qu'on n'utilise plus, depuis parfois plus de cent ans. La lampe à pétrole pleure dans son coin ; le moulin à café grince ; le bougeoir gémit ; le fouet mécanique rouille tandis que le hachoir jure de se venger.
– Et si nous devenions des objets décoratifs ? propose le vieux fer à repasser. Nous trônerions sur des cheminées, dans de belles maisons... Alors, ils se mettent tous à briller, même la vieille lessiveuse qui, heureuse, se remplit de fleurs.

Note ..../ 10

Corrigés p. 3

DICTÉE 7

Préparation à la dictée

JE COMPRENDS

Le présent et l'imparfait des verbes savoir, pouvoir et vouloir

Je sais. Tu le savais.

	SAVOIR	POUVOIR	VOULOIR
Présent	je **sais** tu **sais** il (elle) **sait**	je **peux** tu **peux** il (elle) **peut**	je **veux** tu **veux** il (elle) **veut**
Imparfait	je **savais** tu **savais** il (elle) **savait**	je **pouvais** tu **pouvais** il (elle) **pouvait**	je **voulais** tu **voulais** il (elle) **voulait**

Apprends par cœur la conjugaison de ces verbes puis récite-la.

Les adverbes en -amment et en -emment

Les adverbes formés à partir d'adjectifs :

– en **-ent** s'écrivent **-emment** : évid**ent**, évid**emment**...

– en **-ant** s'écrivent **-amment** : vaill**ant**, vaill**amment**...

Remarque : les adverbes sont toujours **invariables**.

Attention ! On écrit gentil, gent**im**ent – doux, douc**em**ent.

CONSEILS PARENTS

Ces trois verbes en -oir ne se conjuguent pas tous de la même manière. Insistez sur : je / tu sais avec un s, mais je / tu veux ou peux avec un x.

1 **Le présent et l'imparfait des verbes savoir, pouvoir et vouloir.**
Écris à quel temps et à quelle personne est conjugué chaque verbe.
nous pouvons → présent de l'indicatif, 1re personne du pluriel.

tu voulais → ....

vous savez → ....

il veut → ....

nous pouvions → ....

vous saviez → ....

je peux → ....

Attention ! Pour bien écrire un verbe, il faut tenir compte de la **personne** (je / tu / il...) et du **temps** (présent, imparfait...).

2 **Les mots difficiles.**
Complète le texte avec les mots suivants :
Malheureusement – tout – magie – donc – apprendre – accomplir – libérer.

Depuis plusieurs jours, ... le monde se demandait comment faire pour .... les trois hommes, prisonniers dans un pays étranger. ...., on venait d'........................ que les dernières démarches, qui devaient s'................................ le jour même, n'auraient pas lieu.

Fallait-il .... abandonner tout espoir ?

Les moyens habituels restant sans succès, ferait-on appel à la .... ?

DICTÉE PRÉPARÉE Le secret

C'est vrai, les enfants voulaient en apprendre davantage. Quel était le secret du curieux livre qui mêlait science et magie ? Ariane, la fille du professeur, ne savait pas tout.
– Je peux seulement vous dire que, lorsqu'on sait les formules magiques, si on le veut, on peut accomplir des choses prodigieuses. Je sais aussi que, malheureusement, avec les mêmes recettes, on peut faire le mal. Or, les hommes en noir qui veulent ces pouvoirs sont des êtres méchants et dangereux. Je veux donc évidemment, comme vous, les retrouver et libérer mon père.

à suivre…

CONSEILS PARENTS
Avant de dicter le texte, demandez à votre enfant comment il écrira : c'est, accomplir, ces pouvoirs, les retrouver.

3 Présent et imparfait de l'indicatif.
Mets les verbes entre parenthèses aux temps demandés : présent (P), imparfait (I).

Simon (*regarder,* I) .... la plage. Sur le sable, le feu (*sembler,* I) .... éteint, ou du moins il ne (*fumer,* I) .... plus.
« Si je (*pouvoir,* I) .... le rallumer, se (*dire,* I) ....-il. »
C'(*être,* I) .... sa seule chance d'attirer l'attention d'un navire.

4 -amment ou -emment ? Forme des adverbes à partir de ces adjectifs.
savant ➜ savamment.
prudent – différent – bruyant – méchant – pesant – brillant

....

....

Pour t'aider, relis le 2e point de la leçon : le **-e** ou le **-a** de l'adjectif se retrouve dans l'adverbe, et le **n** devient **m**.

Et maintenant, fais-toi dicter le texte ci-dessous.

DICTÉE NON PRÉPARÉE Les tournesols*

Le peintre Vincent Van Gogh, né dans un pays où le ciel est souvent gris, aimait le soleil du Midi, la chaleur, les fleurs. Parmi celles-ci, sa préférence allait aux tournesols. Il les peignait par trois, par cinq par quinze parfois. Beaux, jaunes, épanouis avec un cœur foncé, il ne se lassait pas de les représenter. Désormais, c'est à l'ombre des musées qu'on va les admirer. Mais les tournesols, dans un vase ou séchés, n'en gardent pas moins leur beauté, et toujours le même attrait secret.

Sais-tu qui était Vincent Van Gogh ? Regarde dans une encyclopédie ! L'astérisque renvoie à des explications situées dans les corrigés.

Corrigés p. 3

DICTÉE

8 Préparation à la dictée

JE COMPRENDS

▸ Le participe passé employé avec l'auxiliaire avoir Il a fini.

Lorsque le passé composé est formé avec l'auxiliaire **avoir**, on **accorde le participe passé avec le complément d'objet direct** s'il est placé **avant le verbe**. On trouve le complément d'objet direct en posant la question **Quoi ?** ou **Qui ?** après le verbe.

· **Tu as raconté une histoire étrange.** (Tu as raconté quoi ? **Une histoire**.)
Le complément d'objet direct *(une histoire)* est placé après le verbe, le participe passé ne s'accorde pas.
· **L'histoire que tu as racontée est étrange.** (Tu as raconté quoi ? **L'histoire**.)
Le complément d'objet direct *(L'histoire)* est placé avant le verbe : le participe passé s'accorde (avec **histoire**).

▸ s, ss, c, ç ou ti

– Le son **« s »** s'écrit **ss** quand il est **entre deux voyelles**.

la cai**ss**e – pa**ss**er – un poi**ss**on...

Il s'écrit aussi **c** devant **e, i** et **y**, ou **ç** devant **a, o** et **u**.

la **c**endre – une **c**igale – le **c**ygne... le gla**ç**age – la balan**ç**oire – une ger**ç**ure...

On entend le son **« s »** dans atten**ti**on – prépara**ti**on – vibra**ti**on.

– Entre deux voyelles, **s** se prononce **« z »**. la cui**s**ine – un cou**s**in...

CONSEILS PARENTS
L'accord du participe passé employé avec l'auxiliaire avoir est une notion importante. Lisez la leçon avec votre enfant en lui expliquant comment trouver le complément d'objet direct.

1 L'accord du participe passé avec avoir. Dans chaque phrase, souligne d'un trait rouge le participe passé du verbe et d'un trait bleu le complément d'objet direct.

● J'ai appris ma leçon. ● Tu nous as raconté un film. ● La bague que tu as perdue était très jolie. ● Ils ont visité le château. ● Les cartes qu'il m'a données sont neuves. ● Elles ont préparé des gâteaux.

2 s ou ss ? Complète avec s ou ss.

● s'a........eoir ● des tré........ors ● un vi........age ● une boi........on
● un de........in ● un pay........age ● le repa........age ● une chan........on

Lis les mots à haute voix : cela t'aidera à répondre.

3 Les mots difficiles. Complète le texte avec les mots suivants : située – sans doute – Atlantique – milieu – en même temps – parce qu' – histoire.

Mademoiselle Zoé rassemble les enfants et commence son récit :

« L'.................. se passe sur une ile .... au .... de l'océan .... Vous ne la connaissez .... pas ....elle a été engloutie .... que les monstres qui la peuplaient. »*

CONSEILS PARENTS
L'astérisque renvoie à des explications situées dans les corrigés.

DICTÉE PRÉPARÉE Une réponse

Antoine vient de recevoir une lettre de son père. Il en lit le contenu à ses camarades.

Cher Antoine,
Dans ta dernière lettre, tu as raconté une étrange histoire. Ton « livre magique » m'a fait penser à ceci : on a dit que les habitants d'un pays qui a existé il y a des milliers d'années possédaient de tels secrets. J'ai regardé plusieurs ouvrages anciens et j'ai appris que sur cette terre, sans doute située au milieu de l'océan Atlantique, les hommes ont eu, en effet, des pouvoirs extraordinaires. Mais ils ont perdu ces dons en même temps que leur vie parce qu'ils ont voulu les utiliser pour faire le mal.

à suivre…

CONSEILS PARENTS
Avant la dictée, posez des questions à votre enfant sur les verbes au passé composé. Comment va-t-il écrire : tu as raconté, j'ai appris… Insistez aussi sur les accords au pluriel : des milliers d'années, plusieurs ouvrages anciens, pouvoirs extraordinaires…

4 L'accord du participe passé avec avoir. Transforme les phrases.
Elle a raconté une histoire curieuse. ➜ la curieuse histoire qu'elle a racontée

- J'ai lu une légende. → ....
- Ils ont perdu des années. → ....
- Tu as regardé des illustrations. → ....

5 s ou ss ? Complète les mots avec s ou ss.

- Quel dégui.......ement vas-tu choisir ?
- Peux-tu me donner un con.......eil ?
- Pendant l'été, il fai.......ait arro.......er son jardin.
- Elle s'a.......eyait dans son fauteuil et li.......ait.

Lis les mots à haute voix : cela t'aidera à trouver la réponse.

Et maintenant, fais-toi dicter le texte ci-dessous.

DICTÉE NON PRÉPARÉE Après la bataille

Je suis mort. J'ai été tué à la guerre. J'ai regardé mon corps étendu à mes pieds. Je lui ai parlé, mais il n'a pas bougé. Alors, je suis allé voir ailleurs ; d'abord chez moi, mais mon père et ma mère ont fait comme si je n'étais pas là. Je suis allé voir mes amis, mais eux non plus ne m'ont pas vu… Qu'est-il arrivé ? Suis-je devenu un fantôme, une ombre destinée à errer pendant toute l'éternité ?

Corrigés p. 3

DICTÉE

9 Préparation à la dictée

JE COMPRENDS

- **Le présent de l'indicatif de trois verbes en -dre** Tu peins très bien.

Au **présent**, les **verbes irréguliers du 3e groupe** n'ont pas tous les mêmes terminaisons. De plus, le radical change selon les personnes.

PEINDRE	RÉSOUDRE	PRENDRE
je pein**s**	je résou**s**	je pren**ds**
nous peign**ons**	nous résolv**ons**	nous pren**ons**

Apprends par cœur la conjugaison de ces verbes puis récite-la.

- **quand, quant à ou qu'en**

– **Quand** exprime le temps, le moment. **Quand** vient-il ?

– **Quant à (quant aux)** signifie **en ce qui concerne**. **Quant à** lui, il ne vient pas.

– **Qu'en** est formé de **que** et **en** (**en** = **cela** ou **de cela**). **Qu'en** dites-vous ?

CONSEILS PARENTS

Ces trois verbes irréguliers sont difficiles à écrire. Demandez à votre enfant d'en apprendre la conjugaison par cœur puis d'en réciter les terminaisons.

1 Le présent des verbes en -dre.
Mets les verbes entre parenthèses au présent de l'indicatif.

- Cet été, je (*prendre*) .... l'avion, car je me (*rendre*) .... en Asie. • La maitresse dit : « Je (*suspendre*) .... la punition mais je (*défendre*) .... à tous de parler. »
- « Vite, on (*perdre*) .... du temps ! » dit le maitre.
- Tu (*peindre*) .... très bien !

2 Les mots difficiles. Complète le texte avec les mots suivants :
où – grâce à – trace – enquête – police – dossier.

Dans le bureau de la ...., le téléphone sonna. L'inspecteur décrocha, mais au moment .... il disait « Allô ! », on raccrocha. Décidément, l'.......................... ne progressait pas vite et le .... ne contenait pas assez d'indices pour retrouver la .... des voleurs qui, ... de nombreuses complicités, avaient dévalisé, dans la nuit, la plus grande bijouterie de la ville.

3 Majuscules et ponctuation. Ajoute-les dans ce dialogue.

– ....ù va-t-il .... – ....eut-être à ....aris...........

– ....omment .... – ....e ne sais pas...........

– ....vec d'autres policiers .... – ....eureusement oui ....

Lis ce dialogue à haute voix, ton intonation t'aidera à **ponctuer** le texte correctement.

DICTÉE PRÉPARÉE L'enquête

À la sortie du village, on perd soudain la trace de la voiture verte. Où se rend-elle ? Comment poursuivre l'enquête ? Jean et les enfants décident de prévenir les gendarmes.
— Très bien, dit le chef de la police, je suspends immédiatement mes activités habituelles et je me rends à Paris, car il faut agir vite. Je prends avec moi le dossier. Heureusement, grâce à vous, j'ai beaucoup d'indices, et surtout le numéro de la voiture. Mais attention ! Pendant mon absence, je défends à tous de parler aux journalistes !

à suivre…

CONSEILS PARENTS
Après la dictée, lisez le texte à haute voix et arrêtez-vous pour demander à votre enfant de vérifier comment il a écrit les verbes : on perd, je défends, ou le mot immédiatement. N'oubliez pas de dicter la ponctuation et les majuscules.

4 Le présent des verbes en -dre.
Conjugue ces verbes à toutes les personnes au présent de l'indicatif.

- **apprendre :** j'……………, tu ……………, il (elle) ……………,
nous ……………, vous ……………, ils (elles) …………….
- **peindre :** je ……………, tu ……………, il (elle) ……………,
nous ……………, vous ……………, ils (elles) …………….
- **attendre :** j'……………, tu ……………, il (elle) ……………,
nous ……………, vous ……………, ils (elles) …………….
- **mordre :** je ……………, tu ……………, il (elle) ……………,
nous ……………, vous ……………, ils (elles) …………….

Si tu as un doute, regarde les verbes conjugués de l'encadré leçon.

Et maintenant, fais-toi dicter le texte ci-dessous.

DICTÉE NON PRÉPARÉE Une nouvelle Terre

On vient de découvrir une nouvelle planète*. Elle ressemble à la Terre. Elle tourne autour du Soleil. Mais qui y habite ? Des personnes qui nous ressemblent ? Nos sosies, peut-être, mais qui peuvent faire tout ce qu'ils veulent. Quoi ? Marcher dans les airs, grimper sur des pierres de lune, se promener parmi les étoiles ou écrire un poème qui apparait aussitôt comme un arc-en-ciel de mots en musique… Viendront-ils un jour nous rendre visite ? J'en rêve !

*Cette planète, découverte en 2015, a été baptisée Kepler-452b.

On écrit Lune, Terre et Soleil avec une majuscule lorsqu'il s'agit du satellite, de la planète et de l'astre (On a marché sur la Lune), mais on les écrit en minuscules dans les autres cas (Voici un clair de lune).

CONSEILS PARENTS
- *apparaît → apparait.*

Corrigés p. 4

DICTÉE 10

Préparation à la dictée

JE COMPRENDS

▸ **Les verbes en -eler et en -eter** Tu m'achètes un cadeau ?

Les verbes en **-eler (épeler, renouveler...)**, **-eter (feuilleter, projeter...)** se conjuguent sur le modèle de **peler** ou **acheter** sauf : **appeler** et **jeter**.

	PELER	ACHETER
Présent de l'indicatif	il pèle	il achète
Passé composé	il a pelé	il a acheté

Apprends par cœur la conjugaison de ces verbes puis récite-la.

Attention ! On écrit : il appe**ll**e – il je**tt**e – il a appe**l**é – il a je**t**é...

▸ **La terminaison des verbes : -er ou -é**

Les **verbes** du **1er groupe** se terminent **à l'infinitif** par **-er** et ont un **participe passé** en **-é**. Pour savoir si l'on doit mettre **-er** ou **-é** à la fin d'un de ces verbes, il faut le **remplacer** par un **verbe du 3e groupe**, comme **prendre**, **battre**...

Je vais répét**er** cela. (Je vais prendre cela.)
J'ai répét**é** cela. (J'ai pris cela.)

CONSEILS PARENTS

Proposez à votre enfant de lire ces conjugaisons à haute voix et demandez-lui s'il entend les mêmes sons dans appelle et appelé, jette et jeté.

1 **Les verbes en -eler et en -eter.**
Mets les verbes suivants au temps et à la personne demandés.

- jeter (*présent*) → elle ...., vous ....
- appeler (*présent*) → nous ...., ils ....
- acheter (*imparfait*) → tu ...., elles ....
- épeler (*futur*) → tu ...., il ....
- révéler (*passé composé*) → j' ...., ils ....

2 **-er ou -é ?**
Complète ces verbes avec -er ou avec -é.

- Aujourd'hui, nous avons déjeun........ avec Pierre.
- Puis-je te demand........ un biscuit ?
- Marie doit nous prépar........ un jeu de piste.
- La semaine dernière, mes deux frères ont attrap........ un rhume.
- Vous devez décid........ lequel de vous deux ira achet........ le pain.
- C'est toi qui as rédig........ le message.

Analyse, dans chaque phrase, le mot à compléter. Ainsi, dans *nous irons retrouver* : on peut remplacer *retrouver* par *prendre* ou *battre*, c'est donc un **infinitif** en **-er**.

DICTÉE PRÉPARÉE Un don, un pouvoir

Pierre appelle les enfants. Il explique : « La situation est grave. Nous voulons tous retrouver le père d'Ariane. Moi, j'ai un don secret et je vais l'utiliser...
— Alors, tu vas jeter un sort aux méchants ? demande Louis.
— Non, répond Pierre. Je vais aller regarder à travers l'espace, le temps, et consulter les images du futur... Mais vous devrez garder un silence complet pendant que j'établirai un contact avec le professeur Pic : il faut que je me concentre. »
Bientôt, il révèle sa vision : le savant est fatigué, malade, mais en vie. À son retour, il sera salué comme un héros.
Alors tous applaudissent et Ariane, réconfortée, sourit enfin.

à suivre...

CONSEILS PARENTS
Après la dictée, relisez le texte à haute voix et posez des questions pour aider votre enfant. Ainsi : qui est-ce qui est réconforté ? Aux méchants est au pluriel car on parle de deux hommes dans la dictée 3, p. 13.

3 Les verbes en -eler et en -eter. Complète avec l ou ll, t ou tt.

- Rappe........e-moi ton prénom. • J'ai feuille........é des bandes dessinées.
- Ne répè........e pas cette histoire. • Ils achè........ent le journal tous les jours.
- Elle épe........e mal mon nom. • L'étang était ge........é.

Lis les phrases à haute voix : cela t'aidera à choisir la bonne orthographe.

4 Infinitif et participe passé.
Souligne en rouge les verbes à l'infinitif et en bleu les participes passés.

Hier, nous sommes allés dans la forêt pour cueillir des champignons. Le sol était mouillé et des feuilles restaient collées sous nos bottes. Nous avons marché des kilomètres. Enfin nous avons trouvé une clairière pour nous reposer.

Et maintenant, fais-toi dicter le texte ci-dessous.

DICTÉE NON PRÉPARÉE Devenir des sorciers

Dans le grenier, pendant les vacances, mes cousins et moi nous avons trouvé, au fond d'une malle, un livre très vieux et très mystérieux. Il y avait des pages écrites dans une haute et large écriture. Des formules magiques ? Des incantations ? Pourrions-nous jeter des sorts aux méchants ? Attirer la chance sur nous et nos parents ? Il nous fallait la clé de ces secrets. Pourquoi ne pas essayer ? Nous avions tout l'été pour devenir des sorciers !

Corrigés p. 4

DICTÉE

11 Préparation à la dictée

JE COMPRENDS

▸ Le présent de l'indicatif des verbes ouvrir et offrir

Tu ouvres la porte.

Les verbes comme **ouvrir**, **offrir**, **souffrir**... se conjuguent, au présent de l'indicatif, comme des verbes du 1er groupe.

OUVRIR		OFFRIR	
j'ouvr**e**	nous ouvr**ons**	j'offr**e**	nous offr**ons**
tu ouvr**es**	vous ouvr**ez**	tu offr**es**	vous offr**ez**
il (elle) ouvr**e**	ils (elles) ouvr**ent**	il (elle) offr**e**	ils (elles) offr**ent**

Apprends par cœur la conjugaison de ces verbes puis récite-la.

▸ Les consonnes doubles

Les mots commençant par **ac-**, **af-**, **ef-**, **oc-**, **of-**, **souf-** redoublent en général leur consonne (sauf exceptions).

accompagner – **acc**ord – **acc**ourir – **acc**rocher... *mais* **ac**ompte – **ac**adémie...

affirmer – **aff**aiblir – **aff**reux – **aff**ection... *mais* **af**in – **Af**rique...

effacer – **eff**ondrement – **eff**et...

occuper – **occ**asion... *mais* **oc**re...

offrir – **off**icier – **off**ensive...

souffrir – **souff**ler *mais* le **souf**re

CONSEILS PARENTS

Demandez à votre enfant de vous donner d'autres exemples de mots commençant par ac-, af-, ef-, oc-... Il peut les chercher dans un dictionnaire.

1 Le présent de l'indicatif. Réécris les phrases en utilisant le sujet indiqué.

- Ils lui offrent un voyage. → On ....
- Elles souffrent énormément. → Tu ....
- Ils n'y vont pas. → Il ....
- Il se couvre bien. → Tu ....
- Tu lui ouvres enfin. → On ....
- Les secousses le rendent malade. → La tempête ....
- Tu essaies de résister à tes ennemis. → Le savant ....
- Ils soufflent avec force. → Le vent ....

2 Les mots difficiles. Complète les phrases avec les mots suivants :
secret – on a entrainé – dit-il – pharmacie – carafe d'eau.

- Marion entre dans la .... pour acheter de l'aspirine.
- – N'en parle à personne, ..., c'est un ....
- J'ai pris une .... dans le réfrigérateur.
- Hier soir, ... de force le chien dans sa niche.

Lis toute la phrase avant de choisir le ou les mots qui la compléteront.

DICTÉE PRÉPARÉE — Pauvre professeur !

Au même moment, le savant, qu'on a entrainé de force sur un bateau, essaie de résister à ses ennemis. Mais il ne va pas bien et il demande qu'on lui ouvre enfin la pharmacie : l'eau salée qu'il boit depuis deux jours le rend malade. De plus, comme le ciel se couvre et que le vent souffle en tempête, il souffre, dit-il, du mal de mer. Finalement, on lui offre un marché : un médicament et une carafe d'eau contre le secret.

à suivre…

CONSEILS PARENTS

- *Après avoir lu le texte une première fois, aidez votre enfant en lui posant des questions : qu'on a entrainé → on a entrainé qui ? (le savant) ; l'eau salée → qu'est-ce qui est salé ?*
- *entraîné → entrainé.*

3 **Le présent des verbes en -vrir ou -frir. Conjugue au présent.**

- **découvrir :** je …………………, tu …………………, il (elle) ……………………,

nous ……………………, vous ……………………, ils (elles) …………………….

- **souffrir :** je …………………, tu …………………, il (elle) ……………………,

nous ……………………, vous ……………………, ils (elles) …………………….

4 **f ou ff ? Entoure les mots écrits avec un seul f, souligne ceux qui prennent deux f et barre ceux qui sont écrits avec ph.**

chauffeur – vérifier – chauffer – effacer – chiffrer – pharmacien – chiffre – souffrir – affiche – déchiffrer – chauffage – giroflée – dauphin – éléphant – indifférent – physique – enflammer – suffisant – effort – phoque – effleurer

Rappelle-toi que les mots de la **même famille** s'écrivent le plus souvent de la **même manière** : *chauffer* et *chauffage* s'écrivent avec deux f…

Et maintenant, fais-toi dicter le texte ci-dessous.

DICTÉE NON PRÉPARÉE — Les fées

Les fées sont des esprits de l'air. On les voit parfois lorsqu'elles acceptent de se montrer, dans les jardins, les bois ou les prés. Il existe des méchantes fées, comme la fée Carabosse, laide et malfaisante et des bonnes fées, belles comme le jour. Les sept fées qui se penchèrent sur le berceau de la Belle au Bois Dormant lui firent de nombreux dons. Mais la fée qu'on avait oubliée lança un mauvais sort, et l'on sait ce qui arriva : la princesse fut plongée dans un sommeil qui dura cent ans. Mieux vaut donc être ami avec les fées.

Mais qui connait le secret pour les apprivoiser ?

CONSEILS PARENTS

- *connaît → connait.*

Corrigés p. 4

DICTÉE 12

Préparation à la dictée

JE COMPRENDS

▸ **Le participe passé employé avec l'auxiliaire être** Elle est venue.

Lorsque le passé composé est formé avec l'auxiliaire **être**, on accorde le **participe passé avec le sujet du verbe**. On trouve le sujet en posant la question **Qui est-ce qui ?** (ou **Qu'est-ce qui ?**) avant le verbe.

Nos amis sont arriv**és**. *Qui est-ce qui est arrivé ? Nos amis (sujet pluriel).*

ALLER		VENIR	
je suis all**é(e)**	nous sommes all**é(e)s**	je suis ven**u(e)**	nous sommes ven**u(e)s**
tu es all**é(e)**	vous êtes all**é(e)(s)**	tu es ven**u(e)**	vous êtes ven**u(e)(s)**
il (elle) est all**é(e)**	ils (elles) sont all**é(e)s**	il (elle) est ven**u(e)**	ils (elles) sont ven**u(e)s**

Apprends par cœur la conjugaison de ces verbes puis récite-la.

▸ **Le participe passé employé comme adjectif**

Employé comme **adjectif**, le participe passé **s'accorde avec le nom auquel il se rapporte**. une leçon appris**e** – des places réserv**ées** – mes jeux préfér**és**

CONSEILS PARENTS

Demandez à votre enfant de lire la leçon, puis posez-lui des questions : dans les deux phrases de l'encadré leçon, et dans l'exercice 1, où le verbe être est-il employé ? Comment trouver le sujet du verbe ?

1 L'accord du participe passé employé avec être.
Mets les verbes entre parenthèses au passé composé.

- L'institutrice (*aller*) .... se renseigner.
- Elle (*arriver*) .... sur une ile inconnue.
- Elle (*parvenir*) .... à gagner la terre ferme.

2 Le participe passé employé comme adjectif.
Accorde les participes passés.

- Il s'agit d'une ile englouti....... . • Ce sont des secrets caché....... .
- Ils ont des techniques très avancé...... . • des mystères révélé.......
- des personnes connu.......

3 Les mots difficiles.
Complète le texte avec les mots suivants :
même – actuellement – entre eux – au sujet.

L'agent secret n° 38 est .... en mission à l'étranger : il fait des recherches .... d'un nouveau procédé qui permet de lire les pensées et .... de communiquer à distance.

Les pays amis se partageront .... les résultats de ses découvertes.

Lis toute la phrase avant de choisir le ou les mots qui la compléteront.

Chouette

CM2

10-11 ANS

Les corrigés

Dictées

La maitrise du langage est au cœur du nouveau programme. Mieux les enfants manieront la langue, plus ils seront à l'aise dans les différents domaines. Ils repèreront plus facilement les vocabulaires spécifiques à chaque matière, comprendront mieux les énoncés et répondront plus précisément aux questions qui leur sont posées.

Le cycle 3 (CM1, CM2 et 6e) va étendre l'usage des outils de lecture et d'écriture acquis durant le cycle 2. Votre enfant commence à raisonner sur la langue, à en comprendre le système et à appliquer ces raisonnements, notamment pour l'orthographe. L'oral reste l'objet d'une attention constante et d'un travail spécifique.

Hatier

Dictée 1

PAGE 8

1 • Il passe. • Ils aperçoivent. • Ils partent.
• Il dort. • Il appelle. • Ils s'en vont.
• Ils s'habillent. • Il s'arrête.

2 *Il faut utiliser les mots dans cet ordre :* Aujourd'hui – à l'heure – bleue – villa – mystérieuse – d'habitude – soudain – net – début.
À noter : *revolver* doit dorénavant s'écrire *révolver*.

PAGE 9

3 • j'apporte, tu apportes, il (elle, on) apporte, nous apportons, vous apportez, ils (elles) apportent
• j'aperçois, tu aperçois, il (elle, on) aperçoit, nous apercevons, vous apercevez, ils (elles) aperçoivent

4 • ces incroyables mystères • des vitres brisées

Dictée 2

PAGE 10

1 *Il faut souligner en bleu les mots suivants :*
Maria • Elle • L'homme • Le professeur • Qui • Trois personnes • Sa mère • Il • On.
Il faut souligner en rouge les verbes à l'imparfait :
parlait • était • s'appelait • allait • habitait • savaient • interdisait • portait • voyait.

2 • à la piscine • à l'école
• qui n'a pas • à la boulangerie
• Il a eu • à la montagne
• que Marc a trouvée • Savez-vous qui a
• à ma voisine

PAGE 11

3 • ma grand-mère aimait • nous sortions
• l'école était • nous devions
• disait-elle • nous attendaient
• il ne nous était • réchauffaient
• nous étions • récompensaient
• la nuit tombait

Dictée 3

PAGE 12

1 • Il racontera • Il ira
• Elle viendra • Nous demanderons
• Je ferai • Tu la regarderas
• Ils termineront

2 *Il faut utiliser les mots dans cet ordre :*
emmenant – Voici comment – il faudra – Pendant que – à qui – L'enlèvement du savant.

PAGE 13

3 • Elles travailleront. • Nous achèterons un nouvel album.
• On prendra le train. • Tu feras un exercice.
• Je partirai.
• Il s'enfuira.

4 • Je vais parler et vous allez m'écouter, dit le professeur.
• Où est-il ? On va le chercher !
• Il va t'appeler ce soir.
• Nous allons acheter ce nouveau livre.
• Ils vont tous y aller.

Dictée 4

PAGE 14

1 • J'ai délivré • Elle a expliqué
• On a vu • Pierre est entré
• Je vous ai parlé • On a emmené
• On a enlevé

2 • bu-reau • ex-pli-quer
• mo-ni-trice • voi-ture
• en-fon-çant • dé-sordre

3 *Il faut utiliser les mots dans cet ordre :* Hier – enfonçant – m'emmener – Quand – connaitre.

PAGE 15

4 • Maxime a vu • Il a sorti
• Il est revenu • il a commencé
• il a décidé • Tout le monde a admiré

5 • Tous les enfants • tout le travail
• Toute la classe • Tous les élèves
• toutes les couleurs

Dictée 5

PAGE 16

1 • Les nains se réunirent • il finit
• on donna • demanda Simplet
• qui ne se rappela plus • chacun commença
• Il bafouilla • Timide osa

2 • des recettes magiques • des catastrophes
• des pouvoirs extraordinaires • des outils mal utilisés

PAGE 17

3 • enlèvement
• champ
• camp
• bonbon
• emmener
• chambre
• enfoncer
• néanmoins
• bonbonne
• ensemble

4 • Maintenant, il commence…
• Maintenant, nous commençons…
• Maintenant, ils commencent…

5 • je chantai
• tu chantas
• il chanta
• ils chantèrent

Dictée 6

PAGE 18

1 *Il faut utiliser les mots dans cet ordre :*
faudrait – pourrait – serez – demanderez – proposerai.

2 *Il faut utiliser les mots dans cet ordre :*
votre village – Quand – peut-être – d'abord – pendant ce temps – où.

PAGE 19

3 • attraper
• atteler
• atterrir
• attacher
• atteindre
• attaquer

4 • attirance – attrait – attractif
• triste – tristesse – tristement
• attentif – attentionné – inattentif
• terre – atterrissage

Bilan 1

PAGE 20

1 • Voici • Le ciel • Déjà • Bientôt • Au revoir

2 • Ils appellent les enfants.
• Ce sont des enlèvements mystérieux.
• Ils parlent aux savants.
• Elles viendront avec des clés.
• Ils ont des secrets.

3 • appeler
• apercevoir
• apporter
• atterrir
• aplatir
• appartenir
• approcher
• apprendre
• attaquer
• atomiser

4 • Tu devrais
• ils viendront
• J'ai préparé
• Tu peux
• te plait

Dictée 7

PAGE 22

1 • tu voulais : imparfait de l'indicatif, 2e personne du singulier
• il veut : présent de l'indicatif, 3e personne du singulier
• vous saviez : imparfait de l'indicatif, 2e personne du pluriel
• vous savez : présent de l'indicatif, 2e personne du pluriel
• nous pouvions : imparfait de l'indicatif, 1re personne du pluriel
• je peux : présent de l'indicatif, 1re personne du singulier

2 *Il faut utiliser les mots dans cet ordre :*
tout – libérer – Malheureusement – apprendre – accomplir – donc – magie.

PAGE 23

3 • Simon regardait
• le feu semblait
• il ne fumait plus
• Je pouvais
• disait-il
• C'était

4 • prudemment
• différemment
• bruyamment
• méchamment
• pesamment
• brillamment

* Vincent Van Gogh (1853-1890), né aux Pays-Bas, a vécu les dernières années de sa vie en France. Il a composé plus de 2 000 toiles et dessins.

Dictée 8

PAGE 24

1 *Il faut souligner en rouge :* appris • raconté • perdue • visité • données • préparé
Il faut souligner en bleu : ma leçon • un film • la bague • le château • les cartes • des gâteaux

2 • s'assoir (s'asseoir)
• des trésors
• un visage
• une boisson
• un dessin
• un paysage
• le repassage
• une chanson

3 *Il faut utiliser les mots dans cet ordre :*
histoire – située – milieu – Atlantique – sans doute – parce qu' – en même temps.

* L'île (île) dont il est question ici s'appelait l'Atlantide. Dès l'Antiquité, Platon a décrit ce lieu parfait où vivaient des hommes très intelligents et très bons.

PAGE 25

4 • la légende que j'ai lue
• les années qu'ils ont perdues
• les illustrations que tu as regardées

5 • déguisement
• conseil
• faisait
• arroser
• asseyait
• lisait

Dictée 9

PAGE 26

1 • je prends
• je me rends
• Je suspends
• je défends
• on perd
• Tu peins

2 *Il faut utiliser les mots dans cet ordre :*
police – où – enquête – dossier – trace – grâce à.

3 – **O**ù va-t-il **?** – **P**eut-être à **P**aris**.** – **C**omment **?** – **J**e ne sais pas**.** – **A**vec d'autres policiers **?** – Heureusement oui **!**

PAGE 27

4 • j'apprends, tu apprends, il (elle) apprend, nous apprenons, vous apprenez, ils (elles) apprennent
• je peins, tu peins, il (elle) peint, nous peignons, vous peignez, ils (elles) peignent
• j'attends, tu attends, il (elle) attend, nous attendons, vous attendez, ils (elles) attendent
• je mords, tu mords, il (elle) mord, nous mordons, vous mordez, ils (elles) mordent

Dictée 10

PAGE 28

1 • jeter (présent) : elle jette, vous jetez
• appeler (présent) : nous appelons, ils appellent
• acheter (imparfait) : tu achetais, elles achetaient
• épeler (futur) : tu épèleras (épelleras), il épèlera (épellera).
• révéler (passé composé) : j'ai révélé, ils ont révélé

2 • déjeuné
• demander
• préparer
• attrapé
• décider, acheter
• rédigé

PAGE 29

3 • Rappelle-moi ton prénom.
• J'ai feuilleté des bandes dessinées.
• Ne répète pas cette histoire.
• Ils achètent le journal tous les jours.
• Elle épèle (épelle) mal mon nom.
• L'étang était gelé.

4 Hier, nous sommes allés dans la forêt pour cueillir des champignons. Le sol était mouillé et des feuilles restaient collées sous nos bottes. Nous avons marché des kilomètres. Enfin nous avons trouvé une clairière pour nous reposer.

Dictée 11

PAGE 30

1 • On lui offre
• Tu souffres
• Il n'y va pas
• Tu te couvres
• On lui ouvre
• La tempête le rend
• Le savant essaie
• Le vent souffle

2 *Il faut utiliser les mots dans cet ordre :* pharmacie – dit-il – secret – carafe d'eau – on a entrainé (entraîné).

PAGE 31

3 • je découvre, tu découvres, il (elle) découvre, nous découvrons, vous découvrez, ils (elles) découvrent
• je souffre, tu souffres, il (elle) souffre, nous souffrons, vous souffrez, ils (elles) souffrent

4 *Entourer :* vérifier • giroflée • enflammer
Souligner : chauffeur • chauffer • effacer • chiffrer • chiffre • souffrir • affiche • déchiffrer • chauffage • indifférent • suffisant • effort • effleurer
Barrer : pharmacien • dauphin • éléphant • physique • phoque

Dictée 12

PAGE 32

1 • L'institutrice est allée
• Elle est arrivée
• Elle est parvenue

2 • une ile (île) engloutie
• des secrets cachés
• des techniques très avancées
• des mystères révélés
• des personnes connues

3 *Il faut utiliser les mots dans cet ordre :*
actuellement – au sujet – même – entre eux.

PAGE 33

4 Nous sommes allé(e)s nous renseigner au sujet du mystérieux livre dont vous avez parlé et nous sommes parvenu(e)s à trouver certaines indications.

5 • une indication
• un renseignement
• une communication
• une utilisation

* Léa récite ici la fable « Le Corbeau et le Renard » de Jean de La Fontaine (1621-1695), qui veut illustrer une moralité : « Tout flatteur vit aux dépens de celui qui l'écoute ». Le Renard fait un compliment au Corbeau : si son chant est aussi beau que son plumage, alors il est le personnage le plus extraordinaire de la forêt. Flatté, le Corbeau laisse tomber son fromage, dont se saisit aussitôt le Renard : « Cette leçon vaut bien un fromage, sans doute. »

Bilan 2

PAGE 34

1 • Nous avons passé trois jours à visiter la ville.
• Tu viens déjeuner chez moi ?
• Avant d'entrer dans la villa, ils ont observé les alentours.

2 • Qu'en pensez-vous ?
• Je ne sais pas quand ils arriveront.
• Il ne voyage qu'en train.
• Quant à toi, tu pourrais être plus aimable !
• Quand viendras-tu ?

3 • Les enfants ont escaladé les rochers.
• Heureusement, elle est revenue.
• J'ai cru t'apercevoir…
• Mon père a acheté un hamster : ce matin, il est sorti de sa cage.

4 – Alors si je comprends bien, pour trouver la mairie, je prends la première rue à droite ?
– Je peux vous y conduire. Habituellement, je ne vais jamais dans cette direction, mais aujourd'hui, je fais une exception !

Dictée 13

PAGE 36

1 • Je vais répondre. • Tu vas l'apporter. • Tu vas m'écouter. • Je vais y aller. • Tu vas les déposer. • Tu vas crier.

2 • cent billets • cinq-cents (cinq cents) euros
• deux bateaux • quatre drapeaux

3 la sonnerie • menaçant • la rançon • français • un appel • au courant • immédiatement • justement • alors • apporter

PAGE 37

4 • Je viens de l'appeler.
• Tu viens de l'entendre.
• Ils viennent de l'annoncer.

5 • les gâteaux • ses vaisseaux
• ces jeux • des hiboux
• mes adieux • les noyaux

Dictée 14

PAGE 38

1 • C'est bien ! • Il sait que tu es là ? • S'il pouvait, il s'y rendrait. • Il faut qu'on ait pitié de lui. • Il faut qu'on finisse tout de suite !

2 • d'accord • la police • le rendez-vous • la pitié • interroger • le billet • la vérité • la déception • ramasser

3 *Il faut barrer les mots :*
inquiet – maigre – le message.

PAGE 39

4 *Voici des exemples des mots qu'il fallait trouver :*
• la police • un arrêt, arrêter
• décevoir • l'habillement, habiller
• l'inquiétude, inquiéter • une interrogation, un interrogatoire.

5 • demandant • venant
• étant • ayant

Dictée 15

PAGE 40

1 • il criait, nous criions, vous criiez
• il oubliait, nous oubliions, vous oubliiez
• il suppliait, nous suppliions, vous suppliiez
• il étudiait, nous étudiions, vous étudiiez
• il confiait, nous confiions, vous confiiez

2 *Il faut utiliser les mots dans cet ordre :*
à ce moment – salle de réunion – vous expliquer – pourquoi – pour lui arracher – exactement – pâle.

PAGE 41

3 • où j'ai mis
• sous l'étagère ou sous le meuble
• dans la cuisine ou dans l'entrée
• où ai-je donc la tête
• ou bien mon chat

4 • Elle venait
• vous vous méfiiez
• Elles me suppliaient
• nous nous mariions

Dictée 16

PAGE 42

1 • Il faudrait venir la chercher.
• Ils répondront qu'il faudra la suivre.
• Il serait sur une ile (île).
• Je verrai l'ile (île).
• Il ferait naufrage.

2 *Il faut utiliser les mots dans cet ordre :*
naufrage – côte – se fier à – désormais – auparavant.

PAGE 43

3 • vingt
• vingt-mille (vingt mille)
• quatre-vingts
• mille
• cent
• quatre-cents (quatre cents)

4 • indiquait : il indique – indiquer
• il faudrait : il faut – falloir
• il serait : il est – être

5 • Je saurai. Je saurais.
• On le sauvera. On le sauverait.
• Je serai là. Je serais là.
• Tu écouteras. Tu écouterais.

* Célèbre auteur anglais, William Shakespeare (1564-1616) a écrit *Roméo et Juliette*, une belle et tragique histoire d'amour, qui se déroule à Vérone, en Italie.

Dictée 17

PAGE 44

1 • je fis, tu fis, il (elle) fit, nous fîmes, vous fîtes, ils (elles) firent
• je pris, tu pris, il (elle) prit, nous prîmes, vous prîtes, ils (elles) prirent
• je voulus, tu voulus, il (elle) voulut, nous voulûmes, vous voulûtes, ils (elles) voulurent
• je vins, tu vins, il (elle) vint, nous vînmes, vous vîntes, ils (elles) vinrent

2 • la conduire
• il l'a retrouvée
• la redonnes
• Hélène l'a peut-être vu
• la chercher

PAGE 45

3 • on me réveilla
• J'endossai
• je retrouvai
• Nous partîmes
• je me sentis

4 • J'y allai.
• On l'appela.
• Il vint de suite.
• Ce fut grisant.
• Nous glissâmes sur la neige

Dictée 18

PAGE 46

1 • Elles étaient parties.
• Le savant avait disparu.
• Le président l'avait décidé.
• Ils avaient parlé.
• Il l'avait déclaré.
• Il était arrivé.
• On avait avancé.
• Ils étaient revenus.

2 • ont gagné
• on ira
• on a trouvé
• n'ont pas
• on n'a rien trouvé
• on te fera

PAGE 47

3 • tu avais parlé, il (elle) avait parlé, nous avions parlé, vous aviez parlé, ils (elles) avaient parlé
• tu avais entendu, il (elle) avait entendu, nous avions entendu, vous aviez entendu, ils (elles) avaient entendu

4 • J'ai retrouvé, j'avais perdus • Elle était partie, puis était revenue • Elles ont dansé

* Jules Verne (1828-1905) est l'auteur de romans très connus comme *Le Tour du monde en 80 jours* ou *Vingt-mille lieues sous les mers*. Dans *L'Oncle Robinson*, Jules Verne raconte l'histoire d'une famille qui échoue sur une ile (île) déserte.

Bilan 3

PAGE 48

1 Il était une fois un enfant qui avait eu le malheur de perdre très jeune son père et sa mère. À l'âge de sept ans, il était allé vivre chez son grand-père, un homme très bon et très savant, qui lui avait enseigné la lecture et l'art d'observer les étoiles. Chaque dimanche, il l'emmenait en haut de la montagne. C'est là qu'un jour, alors que l'enfant avait douze ans, qu'il lui avait confié un secret concernant ses parents et qu'il ne devait répéter à personne. L'enfant avait promis, puis il avait écouté son grand-père.

2 • On vient de recevoir une invitation. • Je vais chercher ma boite (boîte) de crayons. • On va sortir. • Quand allez-vous m'écouter ? • Je viens d'entendre la sonnerie : la classe va commencer. • Comment vais-je faire ? • Quand allons-nous le lui dire ? • Vas-tu bientôt t'arrêter ? • Ils viennent de terminer.

3 – Dis-moi, où vas-tu ? – Je vais à l'école. – Et où est-elle, ton école ? – Tout près. Regarde, c'est là ! – La maison blanche avec un toit pointu ? – Elle était grise, mais on l'a repeinte en blanc. Je la trouve plus jolie ainsi. – Oui, comme tu l'as dit, ton école est très belle. – Voilà, j'y suis. Je suis à l'heure. Comme la maitresse (maîtresse) est déjà là, je vais entrer. – Au revoir, madame, et à bientôt !

Dictée 19

PAGE 50

1 • Ils sont arrivés hier.
• Elles ont demandé…
• Qu'avais-tu rêvé ?
• Mon père avait fini
• J'avais obtenu…

2 *Il faut utiliser les mots dans cet ordre :*
océan Atlantique – ni… ni – C'est alors – à notre disposition – dit-elle – trouver.

PAGE 51

3 • nous avions communiqué, ils avaient communiqué, nous aurons communiqué, ils auront communiqué
• nous avions fini, ils avaient fini, nous aurons fini, ils auront fini
• nous avions compris, ils avaient compris, nous aurons compris, ils auront compris

4 • un policier • une enveloppe
• l'acclamation • un accord

Dictée 20

PAGE 52

1 • Il prit le commandement du navire.
• Ariane vint me voir.
• Elle raconta l'histoire de l'ile (île).
• Le capitaine expliqua quelle route suivre.
• Augustin et Pierre tinrent la barre.

2 *Il faut utiliser les mots dans cet ordre :* C'est – nuit – bateau – extraordinaire – qui brille – pour trouver – Chariot.

PAGE 53

3 *Il faut mettre une virgule après les mots suivants :* zoologique – ours – éléphants – biches – pyjama – mouchoir – vêtements – cuir – électronique – choses – enfin.

4 *Par exemple :*
• terne – mat • inintéressant – ennuyeux
• ordinaire – commun • tôt

Dictée 21

PAGE 54

1 • On explique ce qui s'est passé.
• Bientôt, on distingue une ile (île).
• Nous avons navigué toute la nuit.
• Le capitaine a fabriqué un radeau de sauvetage.

2 *Il faut utiliser les mots dans cet ordre :* En effet – embarcation – apercevoir – lointain – jusqu'à – joie – comment.

PAGE 55

3 • Ont-ils embarqué ? Est-ce qu'ils ont embarqué ?
• Sont-elles reparties ? Est-ce qu'elles sont reparties ?
• Le professeur est-il là ? Est-ce que le professeur est là ?
• Est-ce compliqué ? Est-ce que c'est compliqué ?

4 • illimité • incompris • imparfait
• inattentif • irrécupérable • infini

* Charles Darwin (1809-1882) est un biologiste et naturaliste anglais, qui fit de longs et lointains voyages d'étude avant d'élaborer ses théories sur les origines des espèces et la sélection naturelle.

Dictée 22

PAGE 56

1 • ces délicieuses pâtisseries
• des faits peu ordinaires
• d'autres questions
• des nappes multicolores
• tant de kilomètres

2 *Il faut utiliser les mots dans cet ordre :* se posent – se fait entendre – apparaissent – ont fait – à poser – demande – dit – ce sera – peux-tu – sont remplies – pour remercier.

PAGE 57

3 • dit – dite • écrit – écrite
• fait – faite • appris – apprise

4 • ce • ceux qui se mettent
• ceux qui lisent • ceux qui remontent
• ceux qui marchent • s'abattre
• la pluie se met

Dictée 23

PAGE 58

1 • Il le prend. • Il sourit.
• Je l'enseigne. • Il s'y trouve.
• Tu le veux. • Il le dit.

2 • Je viendrai quand j'aurai fini. • Prévenez-moi dès que vous aurez terminé. • Vous le saurez car je vous l'aurai enseigné.
• Vous serez contents lorsque vous aurez réussi.

3 la clé – le mystère – peut-être – le père – réussir – quant à – étonner

4 le secret • profond • le ravisseur • la bagarre • le professeur • la science • le méchant • surtout

PAGE 59

5 • J'ai écouté. • J'avais étudié. • Elle sera revenue. • On est tombé. • Nous sommes arrivé(e)s. • Il a souri. • Il avait ri.

6 J'ai douze ans ; et toi, tu as quel âge ? • Calme-toi : tu t'agites trop ! • Nous partagerons en deux. • Nous voyagerons par le train. • Il a eu la rougeole. • Sur le bateau, il y a une cargaison de charbon. • Il ne connait rien à la navigation : il ne peut pas naviguer. • Elle récite une conjugaison. • Après ce mot, ajoute une virgule. • C'est un angle aigu.

* Hésiode est un poète grec qui a vécu il y a plusieurs siècles avant Jésus-Christ et qui a écrit en particulier un long poème *Des travaux et des jours*, dans lequel il raconte des mythes et décrit avec précision les travaux agricoles de son époque, les outils utilisés, les soins apportés aux animaux…

Dictée 24

PAGE 60

1 • Il aurait aimé.
• Ils ont entendu.
• Ils sont arrivés.
• Il avait conclu.
• Elles avaient retenti.
• Elles sont venues.

2 • de(s) vraies explications
• de(s) puissantes sirènes
• des couleurs brillantes
• d'autres questions

3 *Il faut utiliser les mots dans cet ordre :*
C'est – rendez-vous – été – ile (île) – perroquets – des zèbres – s'approcher – apprivoisés – crainte – professeur.

PAGE 61

4 • des étoiles brillantes
• des consignes précises
• des questions amusantes
• les semaines prochaines

5 • des rues animées
• des rendez-vous manqués
• les énigmes résolues
• ces lieux inconnus
• ces iles (îles) enchantées

Bilan 4

PAGE 62

1 • il distingue
• nous effacions
• tu voyageais
• vous expliquez
• je traçais
• ils rédigent

2 • je devins, tu devins, il devint, nous devînmes, vous devîntes, ils devinrent
• je compris, tu compris, il comprit, nous comprîmes, vous comprîtes, ils comprirent

3 • Je n'y comprends rien
• tout ce qui se trouvait
• ni voleurs ni ennemis
• ceux qui s'endormiront
• ce soir
• se mettent
• se tiennent
• Ce sera

DICTÉE PRÉPARÉE La lettre de l'institutrice

Chers enfants,
Je suis allée me renseigner au sujet du mystérieux livre dont vous avez parlé et je suis parvenue à trouver certaines indications.
Il y a des milliers d'années, un peuple était arrivé à maitriser des connaissances très avancées. Mais l'ile sur laquelle il vivait a été engloutie. De nos jours, plusieurs laboratoires, à travers le monde, travaillent à retrouver ces pouvoirs cachés. Le livre du professeur Pic est-il le grimoire de science magique dont les secrets sont si activement recherchés ?
A bientôt !

à suivre...

CONSEILS PARENTS
- *Après la dictée, relisez le texte à haute voix tout en posant des questions à votre enfant : n'a-t-il pas oublié par exemple les marques du pluriel -s ou -x ?*
- *maîtriser → maitriser.*
- *île → ile.*

4 **L'accord du participe passé employé avec être.**
Réécris la première phrase de la dictée en commençant par « Nous ».

Titre : *La réponse des instituteurs*

Nous ....

....

Pour accorder le **participe passé**, pose-toi les bonnes questions : qui est-ce qui est allé ? Regarde les leçons p. 24 et p. 32.

5 **Les noms dérivés des verbes. Donne un nom correspondant aux verbes suivants.**

- indiquer → une ....
- communiquer → une ....
- renseigner → un ....
- utiliser → une ....

Et maintenant, fais-toi dicter le texte ci-dessous.

DICTÉE NON PRÉPARÉE Le journal de Léa*

Ce matin, je me suis levée, je me suis habillée, mais je n'ai pas retrouvé mes chaussettes bleues, celles qui me portent bonheur. Et en effet, la journée n'a pas été bonne. La maitresse m'a demandé de réciter à haute voix, devant toute la classe Le Corbeau et le Renard. J'ai un peu mélangé les mots et même les phrases, si bien que ce soir j'ai dû répéter et répéter encore :
« Si votre ramage se rapporte à votre plumage,
Vous êtes le phénix des hôtes de ces bois ! »

CONSEILS PARENTS
- *Faites remarquer à votre enfant que le titre du texte nous indique qui parle : c'est Léa, une fille. Les accords des participes passés en découlent directement.*
- *L'astérisque renvoie à des explications situées dans les corrigés.*
- *maîtresse → maitresse.*

Corrigés p. 4

Bilan

Compte 2 points par bonne réponse pour chaque exercice.

1 -er ou -é ?

Complète avec -er ou avec -é.

- Nous avons pass........ trois jours à visit........ la ville.
- Tu viens déjeun........ chez moi ?
- Avant d'entr........ dans la villa, ils ont observ........ les alentours.

Note ..../ 10

2 quand, quant à ou qu'en ?

Complète avec quand, quant à ou qu'en.

- .... pensez-vous ? • Je ne sais pas .... ils arriveront.
- Il ne voyage .... train. • .... toi, tu pourrais être plus aimable !
- .... viendras-tu ?

Note ..../ 10

3 L'accord du participe passé

Mets ces verbes au passé composé.

- Les enfants (*escalader*) .... les rochers.
- Heureusement, elle (*revenir*) ....
- J'(*croire*) .... t'apercevoir, hier, dans la rue.
- Mon père (*acheter*) .... un hamster : ce matin, il (*sortir*) .... de sa cage.

Note ..../ 10

4 Dictée préparée

Mets les verbes au présent, puis fais-toi dicter le texte.

– Alors si je (*comprendre*) .... bien, pour trouver la mairie, je (*prendre*) .... la première rue à droite ?

– Je (*pouvoir*) .... vous y conduire. Habituellement, je ne (*aller*) .... jamais dans cette direction, mais aujourd'hui, je (*faire*) .... une exception !

Note (préparation) .... / 10

Note (dictée) .... / 10

5 Dictée non préparée
L'imparfait

Voyages et loisirs en 1900

En diligence ou en train, en automobile ou en bateau à vapeur, on voyageait déjà beaucoup, en Europe, en 1900. De nouvelles possibilités s'offraient pour les déplacements. Les Français, mais aussi les Belges, les Hollandais, les Allemands, allaient voir les musées d'Italie ou descendaient le Rhin ou le Danube. Les bains de mer faisaient fureur, mais les dames emportaient leurs ombrelles sur la plage afin de protéger leur teint. Leurs maris, eux, s'en allaient aux courses ou bien fréquentaient les casinos.

Pierre Miquel, *Au temps des premières automobiles*, Éd. Hachette.

Note .... / 10

6 Dictée non préparée
Le futur

Des employés modèles

Voici un extrait du règlement intérieur des employés de la SNCF, à la fin du XIXe siècle.
« Piété, propreté et ponctualité font la force d'une bonne affaire. Notre compagnie ayant considérablement réduit les horaires de travail, les employés de bureau n'auront plus à être présents que de 7 heures du matin à 6 heures du soir, et ce les jours de semaine seulement. L'habillement doit être du type le plus sobre. Les employés de bureau ne se laisseront pas aller aux fantaisies des vêtements de couleur vive... Dans les bureaux, on ne portera ni manteau ni pardessus... »

D'après **Henri Vincenot**, *La Vie quotidienne dans les chemins de fer au XIXe siècle*, Éd. Hachette.

Note .... / 10

Corrigés p. 5

DICTÉE 13

Préparation à la dictée

JE COMPRENDS

Le passé récent et le futur proche

Il vient de se lever. Il va se préparer.

je **viens** de commencer	je **vais** continuer
tu **viens** de commencer	tu **vas** continuer
il (elle) **vient** de commencer	il (elle) **va** continuer

Le pluriel des noms en -au, en -eau et en -eu

Ils prennent généralement un **x** au **pluriel**.

un noyau, des noy**aux** – un drapeau, des drap**eaux** – un cheveu, des chev**eux**...

Sauf : un landau, des landau**s** – un pneu, des pneu**s**...

CONSEILS PARENTS

Pour commencer, demandez à votre enfant de réciter les verbes venir et aller au présent.

Attention ! Après « je vais... », « tu vas... », on emploie **un infinitif** : si tu entends « é » à la fin des verbes du 1er groupe, il faut écrire -er.

1 Le futur proche.

Commence par le mot indiqué entre parenthèses.

- Nous allons répondre. (Je) → ....
- Je vais l'apporter. (Tu) → ....
- Vous allez m'écouter. (Tu) → ....
- Ils vont y aller. (Je) → ....
- Elles vont les déposer. (Tu) → ....
- Vous allez crier. (Tu) → ....

2 Le pluriel.

Écris les noms au pluriel en commençant par écrire en lettres le chiffre indiqué entre parenthèses.

- un billet (100) → ....
- un bateau (2) → ....
- un euro (500) → ....
- un drapeau (4) → ....

3 Mots difficiles.

Ajoute la lettre qui manque.

- la so ..... nerie • mena ..... ant • la ran ..... on • fran ..... ais • un a ..... pel
- au couran ..... • im ..... édiatement • just ..... ment • alor ..... • ap ..... orter

DICTÉE PRÉPARÉE Une demande de rançon

— Nous allons mettre votre téléphone sur écoute, dit le chef de la police. Ainsi, si vous recevez une demande de rançon nous serons au courant. Nous allons pouvoir localiser l'appel. Justement la sonnerie retentit. « Je vais répondre », dit Jean. Il entend alors une voix menaçante : « Tu vas bien m'écouter. Si tu veux revoir le professeur Sic vivant, tu vas venir seul à minuit sur le port et tu vas m'apporter cent billets violets de cinq-cents euros enveloppés dans des journaux. Tu vas les déposer entre les deux bateaux qui portent des drapeaux français, puis tu vas repartir immédiatement. » « Je vais y aller », dit Jean.

à suivre…

CONSEILS PARENTS

• Proposer une dictée à votre enfant, après l'avoir préparée, c'est une manière facile et efficace de vérifier son orthographe. N'oubliez pas de le féliciter, pour tous les mots qu'il a bien écrits.
• cinq cents → cinq-cents.

4 Venir de + infinitif. Mets les verbes au passé récent (venir de suivi d'un infinitif) en commençant par le pronom personnel indiqué entre parenthèses.

- Ils l'appellent. (Je) → ……………………………………
- Nous l'entendons. (Tu) → ……………………………………
- Je l'annonce. (Ils) → ……………………………………

5 Le pluriel. Mets ces mots au pluriel.

- le gâteau → ……………………
- son vaisseau → ……………………
- ce jeu → ……………………
- un hibou → ……………………
- mon adieu → ……………………
- le noyau → ……………………

Et maintenant, fais-toi dicter le texte ci-dessous.

DICTÉE NON PRÉPARÉE La complainte du vieux hibou

Je suis un vieux hibou. Non, ne criez pas : « Hou ! Hou ! » Vous ne m'aimez pas. Je le sais déjà. Je serais un oiseau de malheur. Rêver de moi vous ferait peur. Pourtant, dans la famille des hiboux, il y a mon cousin le grand duc, qui est très beau. Il a des plumes blanches, un petit bec. On dirait qu'il sourit lorsqu'avant la nuit, il ulule* pour vous annoncer qu'il fera beau le lendemain. Heureusement, les dessins animés viennent de me rendre ma fierté. On m'a habillé et donné le rôle d'un vieux sage, un peu fou, mais sympathique malgré tout.

*On peut écrire hululer ou ululer.

Une complainte est une chanson (ou un poème) mettant en scène un personnage qui connait des épreuves. Ici, de quoi le vieux hibou se plaint-il ?

Corrigés p. 5

Préparation à la dictée

JE COMPRENDS

▸ Le présent des verbes à différents modes

« Je voudrais qu'on finisse vite », dit-elle.

L'**indicatif** indique ce qui est réel, le **conditionnel** suppose une condition, le **subjonctif** exprime ce qui est envisagé, supposé.

	Indicatif	Conditionnel	Subjonctif
AVOIR	il/elle **a**	il/elle au**rait**	(qu') il/elle **ait**
ÊTRE	il/elle **est**	il/elle se**rait**	(qu') il/elle **soit**
FINIR	il/elle fini**t**	il/elle fini**rait**	(qu') il/elle fini**sse**
RENDRE	il/elle ren**d**	il/elle rend**rait**	(qu') il/elle rend**e**

Apprends par cœur la conjugaison de ces verbes, puis récite-la.

▸ Le participe présent

Le **participe présent** se termine par **-ant** pour tous les verbes. Il est **invariable**.
Il peut être précédé de **en**. (en) chant**ant** – (en) finiss**ant** – (en) ven**ant**...

Attention ! Il ne faut **pas confondre** le participe présent avec l'adjectif verbal qui, lui, s'accorde comme un adjectif.

des travaux fatigant**s** – des artistes passionnant**s** – une musique éblouissant**e**...

CONSEILS PARENTS

Rappelez à votre enfant qu'on trouve facilement le subjonctif présent en commençant la phase par : « Il faut que... ».

Au conditionnel présent, attention à la terminaison des premières personnes du singulier : **-rais** ou **-rait**.

1 **Verbes à différents modes. Mets les verbes au présent de l'indicatif (I), du conditionnel (C) ou du subjonctif (S).**

C' (*être*, I) .... bien ! • Il (*savoir*, I) .... que tu es là ? • S'il pouvait, il s'y (*rendre*, C) .... • Il faut qu'on (*avoir*, S) .... pitié de lui. • Il faut qu'on (*finir*, S) .... tout de suite !

2 **La lettre manquante.**
Ajoute une lettre pour compléter chacun des mots.

d'ac ..... ord. • la poli ..... e • le rende ..... -vous • la piti ..... • inter ..... oger • le bil ..... et • la vérit ..... • la décep ..... ion • ramas ..... er

3 **Mots invariables.**
Barre les mots qui peuvent avoir un singulier et un pluriel.

alors • et • tard • inquiet • maigre • longtemps • seulement • le message • malgré

DICTÉE PRÉPARÉE Fausse alerte

Tout le monde est d'accord : ce serait la police qui se rendrait au rendez-vous donné par le ravisseur du professeur Pic. Et, deux heures plus tard, on arrête un jeune homme alors qu'il ramasse le paquet de billets. Il est maigre, mal habillé et il a l'air inquiet. On l'interroge longtemps avant qu'il finisse par avouer la vérité : non, il ne sait pas où est le savant. Il a entendu le message et a seulement voulu profiter de l'occasion, n'ayant ni travail, ni argent. Malgré leur déception, les enfants demandent qu'on ait pitié de lui.

à suivre…

CONSEILS PARENTS

Après la dictée, relisez le texte à haute voix et arrêtez-vous pour poser des questions qui aideront votre enfant à vérifier l'orthographe des mots qu'il a écrits – sans toutefois lui donner la correction.

4 Famille de mots. Trouve un mot appartenant à la même famille.

la richesse → riche

- le policier → ....
- une arrestation → ....
- la déception → ....
- l'habit → ....
- inquiet → ....
- interroger → ....

Dans une famille de mots, il peut y avoir à la fois des noms, des verbes, des adjectifs, etc.

5 Le participe présent. Mets ces verbes au participe présent.

- demander → ....
- être → ....
- venir → ....
- avoir → ....

Regarde le point 2 de la leçon.

Et maintenant, fais-toi dicter le texte ci-dessous.

DICTÉE NON PRÉPARÉE Le rêve envolé

« Si j'étais riche, j'achèterais un bateau et je partirais très loin d'ici », rêvait depuis longtemps le jeune homme. Et le jour est arrivé où il est devenu voleur et a dérobé beaucoup d'argent. Vite, il faut qu'il aille cacher ses sacs de billets. Trop tard ! Des policiers l'entourent, le menottent. Et voilà son rêve envolé !

Attention ! Il faut distinguer :
- les terminaisons des verbes conjugués à l'imparfait (**-ais**, **-ait**) ou au conditionnel présent (**-rais**) ;
- les participes passé en -é des infinitifs du 1er groupe en **-er**.

Corrigés p. 5

DICTÉE 15

Préparation à la dictée

JE COMPRENDS

L'imparfait de l'indicatif des verbes en -ier

Vous criiez mais on ne vous entendait pas.

Les verbes en **-ier** prennent **deux i** aux 1re et 2e personnes du pluriel de l'imparfait de l'indicatif (**nous**, **vous**).

CRIER		MULTIPLIER	
je criais	nous criions	je multipliais	nous multipliions
tu criais	vous criiez	tu multipliais	vous multipliiez
il (elle) criait	ils (elles) criaient	il (elle) multipliait	ils (elles) multipliaient

Apprends par cœur la conjugaison de ces verbes puis récite-la.

ou et où

- **ou** sans accent peut être remplacé par **ou bien**. Ici **ou** là ?
- **où** avec accent signale le **lieu** ou le **temps**. **Où** est-il ?

CONSEILS PARENTS

Insistez sur la présence des deux i en prononçant séparément les 2 syllabes du verbe : nous cri-ions. Puis enchainez avec l'exercice 1 qui donne d'autres exemples.

1 L'imparfait de l'indicatif des verbes en -ier.
Écris ces verbes aux personnes demandées de l'imparfait.

- **crier :** il .... , nous .... , vous ....
- **oublier :** il .... , nous .... , vous ....
- **supplier :** il .... , nous .... , vous ....
- **étudier :** il .... , nous .... , vous ....
- **confier :** il .... , nous .... , vous ....

2 Les mots difficiles. Complète avec les mots suivants :
salle de réunion – pourquoi – à ce moment – pour lui arracher – vous expliquer – exactement – pâle.

Le ministre de la Défense entra ....-là dans la .... où se trouvaient les journalistes.

– Je dois, commença-t-il, ... toute l'affaire et c'est .... je suis ici.

On l'écouta avec attention ; mais, n'étant pas satisfaits des réponses, plusieurs spécialistes le retinrent après la conférence .... les vrais secrets.

– Dites-nous .... ce que vous savez sur le projet de construction de nouveaux missiles, osa l'un d'eux. Le ministre devint soudain très ....

Les mots sont à recopier tels qu'ils sont dans la liste. N'oublie pas les **accents** sur les voyelles : *réunion*, *à*, *pâle*.

DICTÉE PRÉPARÉE **Le rêve d'Ariane**

C'est à ce moment précis qu'Ariane, bouleversée, était entrée dans la salle de réunion. Elle était pâle et tremblait.
— Je vais vous expliquer, commença-t-elle. Voilà, je crois savoir, ou plus exactement, je sais où est mon père.
Ariane avait alors confié à ses amis le rêve étrange qu'elle venait de faire et elle avait décrit d'une manière détaillée le lieu où se trouvait le professeur Pic et les moyens employés par les hommes en noir pour lui arracher son secret.

à suivre…

CONSEILS PARENTS
Avant la dictée, demandez à votre enfant comment il écrira : bouleversée, était entrée.
Après la dictée, répétez-lui les mots qui prennent des accents : à ce moment, pâle, voilà…

3 **ou et où ? Complète le texte en utilisant, selon le sens, soit ou, soit où.**

Je me demande bien .... j'ai mis ma petite balle rouge, celle que mon chat préfère pour jouer. Est-elle sous l'étagère .... sous le meuble de ma chambre ? À moins qu'elle ne soit dans la cuisine .... dans l'entrée. Mais .... ai-je donc la tête pour perdre ainsi les objets ? L'ai-je perdue .... bien mon chat l'a-t-il prise ?

Souviens-toi : **ou** sans accent peut être remplacé par **ou bien**.

4 **L'imparfait de l'indicatif. Mets les verbes entre parenthèses à l'imparfait.**

- Elle (*venir*) .... de faire un rêve.
- Quand vous étiez petits, vous vous (*méfier*) .... des chiens.
- Elles me (*supplier*) .... de les emmener à la piscine.
- Et si nous nous (*marier*) .... ? dit le prince à la jolie bergère.

Et maintenant, fais-toi dicter le texte ci-dessous.

DICTÉE NON PRÉPARÉE **Le train fantôme**

Tous les soirs, à la même heure, le vieil homme venait s'assoir sur un talus, au bord d'un champ. Il regardait passer le train, un train qui avançait lentement. On voyait bien qu'il ne transportait aucun voyageur. Il le suivait des yeux, quand soudain, plus rien qu'une brume légère. Le train avait disparu. Un soir, le vieil homme s'approcha près des rails. Le train ralentit. Il monta et on ne le revit jamais plus.

CONSEILS PARENTS
• *assoir → asseoir.*

Corrigés p. 5

DICTÉE 16

Préparation à la dictée

JE COMPRENDS

Le futur et le conditionnel présent

Je serai là. Je serais déjà là si...

Au **futur** et au **conditionnel présent**, les terminaisons des verbes sont **toujours** précédées de **-r**.

Futur simple de l'indicatif	
je chante**rai**	nous chante**rons**
tu chante**ras**	vous chante**rez**
il (elle) chante**ra**	ils (elles) chante**ront**

Conditionnel présent	
je chante**rais**	nous chante**rions**
tu chante**rais**	vous chante**riez**
il (elle) chante**rait**	ils (elles) chante**raient**

Apprends par cœur la conjugaison de ces verbes puis récite-la.
Il ne faut pas confondre « je chanter**ai** » (futur) et « je chanter**ais** si... » (conditionnel présent).

vingt, cent et mille

– **vingt** et **cent** ne prennent un **s** que lorsqu'ils sont **multipliés exactement**.
– **mille** ne prend jamais de **s**.

quatre-vingt**s** *mais* quatre-vingt-deux – trois-cent**s** *mais* trois-cent-sept – deux-mille – quatre-mille-trois-cent**s**

CONSEILS PARENTS

Demandez à votre enfant de lire les conjugaisons au futur en commençant par Demain, je chanterai (c'est une certitude) et les conjugaisons au conditionnel en commençant par Si je pouvais, je chanterais (c'est une possibilité). Il fera ainsi mieux la différence entre les deux temps.

1 Le futur et le conditionnel présent. Mets ces verbes aux temps demandés : futur (F) ou conditionnel (C).

- Il faut venir la chercher. (C) → ....
- Ils répondent qu'il faut la suivre. (F) → ....
- Il est sur une ile. (C) → ....
- Je vois l'ile. (F) → ....
- Il fait naufrage. (C) → ....

Rappelle-toi que le **futur** affirme ce qui est **sûr** (*Demain je partirai*), alors que le **conditionnel** suppose une **condition** (*Si je pouvais, je partirais*).

2 Les mots difficiles. Complète le texte avec les mots suivants :
auparavant – naufrage – côte – désormais – se fier à.

Hier soir, à la télévision, j'ai vu les images du .... qui s'est passé au large de la .... ouest de la France. Le commandant Odysséus a expliqué : « Depuis que les orages magnétiques sont librement provoqués, on ne peut plus .... rien. Les boussoles et cadrans à aiguilles métalliques deviennent .... inutilisables. Il est certain que la navigation était moins dangereuse .... ! »

DICTÉE PRÉPARÉE Des indications

Le professeur indiquait à Ariane dans son rêve qu'il faudrait venir le chercher d'ici vingt heures à deux-cents kilomètres de la côte en se dirigeant vers l'ouest : il serait sur une petite ile. Quant au livre magique, il faudrait prévoir une plongée de cent lieues sous l'océan pour le retrouver. Fallait-il suivre les conseils de la jeune fille ? Faudrait-il désormais se fier aux rêves ? demandaient les personnes raisonnables. Oui, il le faudrait, répondaient les enfants.

à suivre…

CONSEILS PARENTS

• Avant de commencer la dictée, demandez à votre enfant comment il écrira : trois-cents, une plongée, se fier, cent lieues. Après la dictée, relisez le texte à haute voix, lentement, pour qu'il vérifie les mots qu'il a écrits.
• deux cents → deux-cents.
• île → ile.

3 **vingt, cent et mille. Écris en lettres les nombres suivants.**

- 20 → ....
- 1 000 → ....
- 20 000 → ....
- 100 → ....
- 80 → ....
- 400 → ....

Pour t'aider, regarde le 2e point de la leçon p. 42.

4 **Les verbes. Réécris les trois premiers verbes conjugués de la dictée. Mets-les au présent puis donne leur infinitif.**

....

....

5 **Indicatif et conditionnel. Écris le verbe au futur puis au conditionnel présent.**

- Je sais. → ....
- Je suis là. → ....
- On le sauve. → ....
- Tu écoutes. → ....

Et maintenant, fais-toi dicter le texte ci-dessous.

DICTÉE NON PRÉPARÉE Roméo et Juliette*

À la fin de notre séjour, nous présenterons une pièce de théâtre. Ce sera Roméo et Juliette. Notre animatrice nous aidera à tout organiser et nous fera répéter. Mais qui sera Juliette ? Elle devra être blonde, et aussi jolie que l'héroïne italienne de Shakespeare. Notre animateur a dit qu'il trouverait une musique ancienne, et tous nous chanterons en chœur, tout doucement, pour accompagner Roméo lorsqu'il viendra sous le balcon de Juliette pour lui parler d'amour tendrement.

Sais-tu qui était Shakespeare ? Consulte une encyclopédie ! L'histoire se passe à Vérone : sais-tu où se trouve cette ville ? L'astérisque renvoie à des explications situées dans les corrigés.

Corrigés p. 5-6

DICTÉE 17

Préparation à la dictée

JE COMPRENDS

Le passé simple des verbes irréguliers Je le suivis.

Le **passé simple** s'emploie surtout **à l'écrit**.

COMPRENDRE	SUIVRE	BOIRE
je compr**is**	je suiv**is**	je b**us**
tu compr**is**	tu suiv**is**	tu b**us**
il (elle) compr**it**	il (elle) suiv**it**	il (elle) b**ut**
nous compr**îmes**	nous suiv**îmes**	nous b**ûmes**
vous compr**îtes**	vous suiv**îtes**	vous b**ûtes**
ils (elles) compr**irent**	ils (elles) suiv**irent**	ils (elles) b**urent**

Apprends par cœur la conjugaison de ces verbes puis récite-la.

la, **l'a**, **l'as ou là**

– On écrit **la** (déterminant) devant un nom et **la** (pronom) devant un verbe.

La maison ? Je **la** vois.

– On écrit **l'a, l'as** (verbe **avoir**) quand on peut remplacer **l'a, l'as** par **l'avait, l'avais**. Sa bicyclette ? Il **l'a** depuis une semaine (Il **l'avait**). *mais* Il est **là**.

CONSEILS PARENTS

Demandez à votre enfant de relever des verbes au passé simple dans l'un de ses livres préférés.

1 **Le passé simple des verbes du 3e groupe.**
Écris les verbes suivants au passé simple.

- **faire :** je ...., tu ...., il (elle) ....,
nous ...., vous ...., ils (elles) ....
- **prendre :** je ...., tu ...., il (elle) ....,
nous ...., vous ...., ils (elles) ....
- **vouloir :** je ...., tu ...., il (elle) ....,
nous ...., vous ...., ils (elles) ....
- **venir :** je ...., tu ...., il (elle) ....,
nous ...., vous ...., ils (elles) ....

Pour t'aider, imagine le **récit d'événements passés** racontés par écrit : *Alors, voici ce que je fis..., je pris..., je voulus...*

2 **la ou l'a ?**
Complète avec la ou l'a.

- Ils sont allés .... conduire à l'aéroport. • Axel a perdu sa clé hier, mais il .... retrouvée ce matin. • Je t'ai prêté une revue ; j'aimerais que tu me .... redonnes. • Vous cherchez Romain ? Hélène .... peut-être vu.
- Ta voiture, j'irai .... chercher demain au garage.

DICTÉE PRÉPARÉE Dans le journal

Le chef de la police fit promettre aux enfants de ne rien dire à personne. L'enlèvement du professeur Pic devait rester secret ; mais quelqu'un parla aux journalistes et bientôt la nouvelle fut connue partout. Les jours suivants, tous les journaux de France reprirent cette histoire. Le chef de la police se mit en colère, mais les enfants, eux, étaient fiers d'être les amis d'un homme aussi célèbre !

à suivre…

CONSEILS PARENTS

Que s'est-il passé dans ce récit ? Demandez à votre enfant de vous le raconter en utilisant des verbes au passé simple.

3 Le passé simple. Mets les verbes entre parenthèses au passé simple.

À trois heures sonnantes, on me (*réveiller*) .... J'(*endosser*) .... une peau de mouton et je (*retrouver*) .... mon cousin Karl couvert, lui, d'une fourrure d'ours. Nous (*partir*) .... , accompagnés d'un garde et de nos deux chiens. Dès les premiers pas dehors, je me (*sentir*) .... glacé jusqu'aux os.

D'après **Guy de Maupassant**, *Amour*.

4 Le passé simple. Écris au passé simple les phrases suivantes.

- J'y vais. → J'............................. .
- On l'appelle. → ....
- Il vient de suite. → ....
- C'est grisant. → ....
- Nous glissons sur la neige. → ....

Et maintenant, fais-toi dicter le texte ci-dessous.

DICTÉE NON PRÉPARÉE Un montreur de chiens savants

Installés près du Jardin des Plantes, nous attirâmes un nombreux public. Par malheur, l'homme de police qui gardait les allées voulut nous faire partir. Mon maître refusa de bouger et le public nous défendit. Nos chiens commencèrent leur numéro et le garde, qui était resté, s'amusa beaucoup. Notre spectacle eut un grand succès : tous les gens applaudirent et nous demandèrent de revenir bientôt.

D'après **Hector Malot**, *Sans famille*.

CONSEILS PARENTS

- *maître → maitre.*

Corrigés p. 6

DICTÉE 18

Préparation à la dictée

JE COMPRENDS

Le plus-que-parfait de l'indicatif Il était parti. Elle était partie aussi.

Le plus-que-parfait de l'indicatif se forme avec les auxiliaires **être** ou **avoir** conjugués à l'**imparfait** et suivis du **participe passé du verbe**.

DÉCLARER	
j'**avais** déclar**é**	nous **avions** déclar**é**
tu **avais** déclar**é**	vous **aviez** déclar**é**
il (elle) **avait** déclar**é**	ils (elles) **avaient** déclar**é**

PARTIR	
j'**étais** parti**(e)**	nous **étions** parti**(e)s**
tu **étais** parti**(e)**	vous **étiez** parti**(e)(s)**
il (elle) **était** parti**(e)**	ils (elles) **étaient** parti**(e)s**

Apprends par cœur la conjugaison de ces verbes puis récite-la.

on ou ont, on a ou on n'a

– **on** est un pronom personnel comme **je**, **tu**, **il**... **On** mange. Mange-t-**on** ?

ont est le verbe **avoir** au présent de l'indicatif.

Hugo et Paul **ont** des vélos. Elles **ont choisi** les robes vertes.

– **on a** est une forme affirmative. **On a** des livres.

on n'a est une forme négative. **On n'a** pas de livres.

CONSEILS PARENTS

Le plus-que-parfait n'est pas un temps difficile. Les règles d'accord du participe passé, employé avec les auxiliaires avoir ou être, sont les mêmes qu'au passé composé.

1 **Le plus-que-parfait. Mets au plus-que-parfait les phrases suivantes.**

- Elles sont parties. → ....
- Le savant a disparu. → ....
- Le président l'a décidé. → ....
- Ils ont parlé. → ....
- Il l'a déclaré lui-même. → ....
- Il est arrivé. → ....
- On a avancé. → ....
- Ils sont revenus. → ....

Quand tu conjugues un verbe au **plus-que-parfait**, imagine que chaque phrase commence par : **C'était fait**, elles étaient rentrées... ou **C'était fini**, nous avions terminé le spectacle...

2 **on ou ont, on a ou on n'a ? Complète les phrases suivantes.**

- Les deux voiliers bleus .... gagné la régate. • Si tu ne veux pas y aller, ... ira à ta place. • C'est par hasard qu'.......... trouvé ce chemin.
- Les chiens n'.......... pas encore mangé. • Non, ... rien trouvé !
- Quand tu viendras nous voir, ... te fera visiter le château.

DICTÉE PRÉPARÉE Tout l'or du monde

Maintenant, toute la France savait que le professeur Pic était en danger, car tous les journaux avaient parlé de sa disparition. Le chef de la police était très ennuyé, car l'enquête n'avait pas beaucoup avancé. Il avait déclaré que de nombreuses équipes étaient parties à la recherche du savant. On avait décidé de tout faire pour retrouver le professeur dont les secrets valaient tout l'or du monde.

à suivre...

CONSEILS PARENTS
Avant de dicter le texte, lisez-le à haute voix et arrêtez-vous pour demander à votre enfant comment il écrira : tous les journaux, très ennuyé, pour retrouver...

3 Le plus-que-parfait. Conjugue les deux verbes au plus-que-parfait.

PARLER	ENTENDRE
j'avais parlé	j'avais entendu
tu	tu ....
il (elle)	il (elle) ....
nous	nous ....
vous	vous ....
ils (elles)	ils (elles) ....

4 Les temps composés. Écris le participe passé de ces verbes.

- J'ai (*retrouver*) .... les gants que j'avais (*perdre*) ....
- Elle était (*partir*) ...., puis était (*revenir*) .... avec plusieurs amies.
- Elles ont (*danser*) .... tout l'après-midi.

Souviens-toi : quand le participe passé est employé avec **avoir**, il faut se poser les questions : *J'ai retrouvé quoi ?*, *J'avais perdu quoi ?* pour accorder ou pas le participe passé.
Avec l'auxiliaire **être**, la question Qui est-ce qui ? te permet d'accorder le participe passé avec le sujet (voir la leçon p. 24). Qui est-ce qui était parti ? Qui est-ce qui était revenu ?

Et maintenant, fais-toi dicter le texte ci-dessous.

DICTÉE NON PRÉPARÉE Une famille au désespoir*

Cette nuit-là, il y avait eu un ouragan et le feu s'était éteint. La situation, sur cette île perdue du Pacifique, était devenue intenable. Le pauvre marin en était anéanti. Le jeune Marc, qui n'avait pas pu empêcher l'accident de se produire, s'était mis à pleurer. Sa mère lui avait ouvert les bras et ne l'avait pas grondé. Pourtant, elle était désespérée.

D'après **Jules Verne**, *L'Oncle Robinson*.

CONSEILS PARENTS
- *L'astérisque renvoie à des explications situées dans les corrigés.*
- *île → ile.*

Corrigés p. 6

Bilan

Compte 1 point par bonne réponse pour chaque exercice.

1 L'imparfait et le plus-que-parfait

Écris le verbe entre parenthèses à l'imparfait (IMP) ou au plus-que-parfait (PQP).

Il (*être*, IMP) .... une fois un enfant qui (*avoir*, PQP) .... le malheur de perdre très jeune son père et sa mère. À l'âge de sept ans, il (*aller*, PQP) .... vivre chez son grand-père, un homme très bon et très savant qui lui (*enseigner*, PQP) .... la lecture et l'art d'observer les étoiles. Chaque dimanche, il l'(*emmener*, IMP) .... en haut de la montagne. C'est là qu'un jour, alors que l'enfant (*avoir*, IMP) .... douze ans, qu'il lui (*confier*, PQP) .... un grand secret concernant ses parents et qu'il ne (*devoir*, IMP) .... répéter à personne. L'enfant (*promettre*, PQP) .... , puis il (*écouter*, PQP) .... son grand-père.

Note ..../ 10

2 Le passé récent et le futur proche

Écris les verbes aller et venir, au présent de l'indicatif.

On (*venir*) .... de recevoir une invitation. • Je (*aller*) .... chercher ma boite de crayons. • On (*aller*) .... sortir. • Quand (*aller*) .... -vous m'écouter ? • Je (*venir*) .... d'entendre la sonnerie : la classe (*aller*) .... commencer. • Comment (*aller*) .... -je faire ? • Quand (*aller*) .... - nous le lui dire ? • (*aller*) .... -tu bientôt t'arrêter ? • Ils (*venir*) .... de terminer.

Note ..../ 10

3 Complète le texte en utilisant ces mots : ou - où - a - à - la - là - l'a - l'as.

– Dis-moi, ... vas-tu ? – Je vais .... l'école. – Et .... est-elle, ton école ? – Tout près. Regarde, c'est .... ! – La maison blanche avec un toit pointu ? – Oui. Elle était grise, mais on .... repeinte en blanc. Je .... trouve plus jolie ainsi. – Oui, comme tu .... dit, ton école est très belle. – Voilà, j'y suis. Je suis .... l'heure. Comme la maitresse est déjà .... , je vais entrer. – Au revoir, madame, et .... bientôt !

Note ..../ 10

4 Dictée non préparée
Les temps de l'indicatif

Interview d'un aviateur

C'est le Français Blériot qui, en 1909, a relié pour la première fois la France à l'Angleterre, ceci en aéroplane. Il le fit en trente-et-une minutes. Voici ce qu'il déclara, le lendemain, dans *Le Petit Journal* :
« Une fois en pleine mer, il m'a semblé que je n'avançais guère, que je n'avançais plus... Je me trouvais éloigné de tout point de repère. Les minutes m'ont paru longues... Mais mon moteur n'avait pas eu le moindre raté... Enfin j'aperçus la côte anglaise. Je descendis un peu brusquement. Voilà l'histoire très simple de mon petit voyage ! »

CONSEILS PARENTS
trente et une → trente-et-une.

Note .... / 10

5 Dictée non préparée
Les temps de l'indicatif

Des lions à Paris

Les lions du Jardin d'Acclimatation de Paris ne seront bientôt plus qu'un souvenir. Les visiteurs étrangers sont surpris de n'y trouver qu'une femelle hybride de lionne et de léopard, alors qu'il existe dans la rue Saint-Martin un éleveur de lionceaux en appartement. Les habitants du quartier ont d'ailleurs décidé d'intervenir auprès du préfet de police pour demander l'expulsion de ces redoutables voisins.

D'après **Pierre Miquel**, *Au temps des premières automobiles*, Éd. Hachette.

Note .... / 10

Corrigés p. 6

Plus d'exercices et de conseils sur **www.hatier-entrainement.com**

DICTÉE

19 Préparation à la dictée

JE COMPRENDS

Les temps composés J'ai compris. J'avais compris.

Les verbes aux temps composés se conjuguent avec l'auxiliaire **être** ou **avoir** suivi du **participe passé du verbe** :
- le **passé composé** = auxiliaire au **présent** + participe passé ;
- le **plus-que-parfait** = auxiliaire à l'**imparfait** + participe passé ;
- le **futur antérieur** = auxiliaire au **futur simple** + participe passé.

	OBTENIR	PARTIR
Passé composé	j'**ai** obten**u**	je **suis** part**i(e)**
Plus-que-parfait	j'**avais** obten**u**	j'**étais** part**i(e)**
Futur antérieur	j'**aurai** obten**u**	je **serai** part**i(e)**

Apprends par cœur cette leçon puis récite-la.

Les familles de mots

Les mots de la même famille présentent généralement des ressemblances orthographiques.

la longueur, long – atterrir, l'atterrissage – la catastrophe, catastrophique...

CONSEILS PARENTS

On emploie souvent ces temps composés. Il faut à chaque fois se poser la question de l'accord du participe passé (voir les leçons p. 24 et p. 32).

1 Les temps composés.

Transforme les phrases suivantes en utilisant le sujet indiqué.

- Elle est arrivée à Lyon hier. → Ils ....
- Nous avons demandé à lui parler. → Elles ....
- Qu'avait-elle rêvé ? → ....-tu .... ?
- Nous avions fini par le lui donner. → Mon père ....
- Vous aviez obtenu son aide secrète. → J'..

Pour accorder le participe passé employé avec l'auxiliaire **être**, pose-toi la question : *Qui est-ce qui est arrivé ?* Avec l'auxiliaire **avoir** : *Nous avons demandé quoi ?* (voir les leçons p. 24 et p. 32).

2 Les mots difficiles.

Complète le texte avec les mots suivants :

C'est alors – océan Atlantique – à notre disposition – dit-elle – trouver – ni... ni.

Notre bateau s'était perdu dans l'.. et pour nous repérer, nous n'avions .... carte .... boussole. .... qu'Ariane avait eu une idée : « Nous avons .... les étoiles qui brillent dans le ciel, ... Il nous suffit de savoir où est le nord et, pour le .... , il faut regarder l'étoile Polaire, qui est l'étoile la plus brillante du Grand Chariot. »

DICTÉE PRÉPARÉE **Une aide secrète**

En réalité, la police n'avait trouvé aucune trace du savant ni sur terre ni le long des côtes de l'océan Atlantique.
C'est alors qu'Ariane avait demandé à parler au ministre venu sur place.
— Mon père, dit-elle, m'a communiqué un message.
J'ai obtenu toutes les indications pour le retrouver. Mais, comme il se trouve hors de France, il me faut votre aide secrète. Si vous acceptez de mettre un bateau à notre disposition, mes amis et moi nous partirons ce soir même.
Et le ministre avait fini par donner son accord.

à suivre...

CONSEILS PARENTS
Avant de dicter le texte, lisez-le à haute voix et arrêtez-vous pour demander à votre enfant comment il écrira : en réalité, à parler, ce soir même...

3 **Le plus-que-parfait et le futur antérieur. Donne la 1re et la 3e personnes du pluriel des verbes suivants au plus-que-parfait puis au futur antérieur.**

- communiquer → ....
- finir → ....
- comprendre → ....

Voici un exemple : trouver → nous **avions** trouvé (**plus-que-parfait**) / ils **auront** trouvé (**futur antérieur**).

4 **Familles de mots. Trouve un mot de la même famille.**

- la police → un ....
- envelopper → une ....
- acclamer → l'..........
- accorder → un ....

Et maintenant, fais-toi dicter le texte ci-dessous.

DICTÉE NON PRÉPARÉE **Le trésor de l'ile Coco**

Depuis trois-cents ans, on a cherché par tous les moyens à retrouver le trésor que, selon la légende, des pirates avaient caché dans cette petite ile de l'océan Pacifique. Beaucoup sont venus dans l'espoir de faire la pêche miraculeuse qui leur était promise : de l'or, des pierres précieuses, des bijoux, des objets rares. La fièvre des chasseurs d'or n'a fait que s'accroitre et s'accélérer au XIXe siècle. De nos jours encore, il y a eu des expéditions, car l'homme n'a jamais cessé de poursuivre ce rêve : découvrir un trésor aussi fabuleux que mystérieux.

CONSEILS PARENTS
- *trois cents → trois-cents.*
- *île → ile.*
- *s'accroître → s'accroitre.*

Corrigés p. 6-7

DICTÉE

20 Préparation à la dictée

JE COMPRENDS

▸ **Le passé simple des verbes tenir et venir**

Il revint chez lui longtemps après.

TENIR		VENIR	
je **tins**	nous **tînmes**	je v**ins**	nous v**înmes**
tu **tins**	vous **tîntes**	tu v**ins**	vous v**întes**
il (elle) t**int**	ils (elles) t**inrent**	il (elle) v**int**	ils (elles) v**inrent**

Apprends par cœur la conjugaison de ces verbes puis récite-la.

▸ **Le passé simple des auxiliaires avoir et être** Ce furent des héros.

AVOIR		ÊTRE	
j'**eus**	nous **eûmes**	je **fus**	nous **fûmes**
tu **eus**	vous **eûtes**	tu **fus**	vous **fûtes**
il (elle) **eut**	ils (elles) **eurent**	il (elle) **fut**	ils (elles) **furent**

Apprends par cœur la conjugaison de ces verbes puis récite-la.

▸ **leur ou leurs**

– **leur**, lorsqu'il est **devant un verbe**, ne prend jamais de **s**.

Ils **leur** montrèrent l'étoile Polaire.

– **leurs**, lorsqu'il est **devant un nom, s'accorde avec ce nom**. (C'est un **adjectif possessif**.) Voici des robots sur **leurs** fusées interplanétaires.

CONSEILS PARENTS

Le passé simple est utilisé à l'écrit dans des récits au passé : « Nous nous tînmes par la main pour surmonter notre peur. »

1 Le passé simple. Mets les verbes au passé simple.

- Il prend le commandement du navire. → Il ....
- Ariane vient me voir. → ....
- Elle raconte l'histoire de l'île. → ....
- Le capitaine explique quelle route suivre. → ....
- Augustin et Pierre tiennent la barre. → ....

Imagine que les évènements se situent dans le **passé** et que chaque phrase commence par **C'est alors que...**
*C'est alors qu'il **vint** me voir. Alors ils s'en **allèrent**.*

2 Les mots difficiles. Complète le texte avec les mots suivants :
extraordinaire – nuit – C'est – bateau – Chariot – pour trouver – qui brille.

.... par hasard que je me suis intéressé aux étoiles. Nous étions partis une .... sur un .... Le spectacle était ....
L'étoile Polaire, ... et indique la direction du Nord, se leva.
Le commandant nous dit qu'il n'avait pas besoin d'instruments .... sa position : dans le ciel, le Grand et le Petit .... lui servaient de guide.

DICTÉE PRÉPARÉE **Une nuit sur un bateau**

C'est le capitaine Star qui prit le commandement du navire. Quand la lune se leva, il appela tous les enfants. Il leur expliqua quelle route il allait suivre. Il leur montra les étoiles et leur indiqua leurs positions dans le ciel. Pour trouver l'ile, il allait d'abord maintenir sa direction fixée sur l'étoile la plus brillante du Grand Chariot, puis sur Véga, qui brille à l'ouest.

Les enfants firent ensuite un cercle autour d'Ariane qui leur raconta l'histoire extraordinaire des autres planètes. C'était si intéressant qu'ils n'allèrent dormir que très tard dans la nuit.

à suivre…

CONSEILS PARENTS

• Après la dictée, relisez le texte à haute voix et arrêtez-vous pour aider votre enfant à vérifier l'orthographe des mots qu'il a écrits sans pour autant lui en donner la correction : quelle est la dernière lettre de d'abord et tard ?

• île → ile.

3 La ponctuation. Ajoute les virgules qui manquent.

• Au jardin zoologique j'ai vu des ours des éléphants des biches des singes et d'autres animaux encore. • J'ai mis dans ma valise un pyjama un mouchoir des vêtements ma ceinture de cuir mon jeu électronique des choses enfin dont j'aurai besoin.

Lis les phrases à haute voix : comme tu le sais, la **virgule** permet de **séparer** un groupe de mots en fonction du sens de la phrase. À l'oral, elle correspond à une **courte pause**.

4 Les contraires. Trouve des antonymes.

- brillant → ………………………………
- intéressant → ………………………………
- extraordinaire → ………………………………
- tard → ………………………………

Et maintenant, fais-toi dicter le texte ci-dessous.

DICTÉE NON PRÉPARÉE **L'ile au trésor**

C'est Stevenson qui, il y a plus d'un siècle, inventa l'histoire de l'ile au trésor. Le héros était un jeune garçon. Par hasard, il entra en possession d'une carte indiquant où l'on pouvait trouver un trésor fabuleux. Il raconta : « Nous entrâmes dans la caverne. Dans le coin le plus écarté, à la lueur de la flamme, je vis étinceler un grand tas de pièces d'or et de barres brillantes… » Cet or, il le rapporta chez lui, en Angleterre, où, depuis, il vécut riche et heureux.

D'après **Stevenson**, *L'Ile au trésor.*

CONSEILS PARENTS

île → ile.

Corrigés p. 7

DICTÉE 21

Préparation à la dictée

JE COMPRENDS

Les verbes en -quer et en -guer Nous expliquerons.

Dans les verbes en **-quer** et **-guer**, la lettre **u** du radical se retrouve à toutes les personnes et à tous les temps de la conjugaison.

	EXPLIQUER	DISTINGUER
Présent	j'expli**que** nous expli**qu**ons	je distin**gue** nous distin**gu**ons
Passé composé	j'ai expli**qué** nous avons expli**qué**	j'ai distin**gué** nous avons distin**gué**

Apprends par cœur la conjugaison de ces verbes puis récite-la.

Préfixes et suffixes

– Les **préfixes** s'écrivent **avant** certains mots : ils en changent le sens.

in-, **im-** occupé, **in**occupé – possible, **im**possible

il-, **ir-** lisible, **il**lisible – régulier, **ir**régulier

– Les **suffixes** s'ajoutent à la **fin** de certains mots.

-eur, **-euse** chanteur, chant**euse**

-âtre bleu, bleu**âtre** – rouge, roug**eâtre**

-ier, **-ière** ouvrier, ouvr**ière** – fermier, ferm**ière**

CONSEILS PARENTS

Ces deux verbes se conjuguent comme tous les verbes du 1er groupe au présent : demandez à votre enfant de réciter les dernières lettres de ces conjugaisons à partir de -q et de -g.

1 Les verbes en -quer et en -guer. Mets les verbes aux temps demandés.

• On (*expliquer*, présent) .... ce qui s'est passé. • Bientôt on (*distinguer*, présent) .... une ile. • Nous (*naviguer*, passé composé) .... toute la nuit. • Le capitaine (*fabriquer*, passé composé) .... un radeau de sauvetage.

Les verbes en **-guer** comme *distinguer*, *conjuguer*, *naviguer*... gardent la lettre **u** après le **g**, de même que les verbes en **-quer**.

2 Les mots difficiles. Complète le texte avec les mots suivants :
jusqu'à – lointain – comment – En effet – embarcation – joie – apercevoir.

L'avion en détresse venait de tomber dans la mer sans avoir pu donner l'alerte. ...., tous les appareils de bord étaient tombés en panne. Rien à l'horizon, pas la moindre .... Marc nageait désespérément, cherchant à .... un rocher ou un bateau dans le .... « Je dois tenir .... ce soir. » Soudain, il entendit les autres naufragés pousser des cris de .... , et sans savoir ...., il se retrouva sur le pont d'un navire.

DICTÉE PRÉPARÉE Le professeur Sic retrouvé

— Terre ! Terre ! crient les enfants.
En effet, on distingue des rochers dans le lointain. Bientôt, tout le monde débarque sur l'ile et Ariane, qui vient d'apercevoir son père, pleure de joie tandis que le visage du savant s'illumine. Puis les questions se multiplient : depuis quand est-il là ? Comment est-il arrivé jusqu'à l'ile sain et sauf ?
— Ce n'est pas compliqué, explique alors le professeur Sic. J'ai fabriqué une petite embarcation et navigué jusque-là sans danger.

à suivre…

CONSEILS PARENTS
• *Avant la dictée, demandez à vote enfant comment il écrira : bientôt, tandis que, sans danger, etc. Après la dictée, relisez le texte à haute voix, lentement, pour qu'il vérifie les mots qu'il a écrits.*
• *île → ile.*

3 La forme interrogative. Utilise deux possibilités, comme dans l'exemple :
Il va bien. → Va-t-il bien ? → Est-ce qu'il va bien ?

- Ils ont embarqué. → ....
- Elles sont reparties. → ....
- Le professeur est là. → ....
- C'est compliqué. → ....

4 Les préfixes. Forme de nouveaux mots en utilisant il-, ir-, in- ou im-.

- limité → ....
- récupérable → ....
- attentif → ....
- parfait → ....
- compris → ....
- fini → ....

Les **préfixes**, placés avant les mots, comme les **suffixes** placés après, permettent de former de nouveaux mots de la même famille : aide-toi de la leçon p. 54.

Et maintenant, fais-toi dicter le texte ci-dessous.

DICTÉE NON PRÉPARÉE Une ile du bout du monde*

Dans l'océan Pacifique, au niveau de l'Equateur, existent des iles — en tout, dix-neuf — qui sont encore, de nos jours, un paradis pour les plantes et pour les animaux.
Lorsque l'illustre savant Darwin y débarqua, au XIXe siècle, il fut intrigué de voir des otaries à fourrure à côté de tortues géantes ; des petits manchots adorables à côté de lézards monstrueux. Il compta plus de dix espèces de pinsons et distingua vingt sortes de reptiles.

D'après une enquête de *Sciences et Vie Junior*, juillet 1991, n° 9.

Sais-tu qui était Darwin ? Cherche dans une encyclopédie ! L'astérisque renvoie à des explications situées dans les corrigés.

CONSEILS PARENTS
île → ile.

Corrigés p. 7

DICTÉE

22 Préparation à la dictée

JE COMPRENDS

- **Le participe passé des verbes** On a sonné. Il a ouvert.

Beaucoup de verbes ont un participe passé en **-é**, **-i** ou **-u** comme **chanter (chanté)**, **finir (fini)**, **voir (vu)**.
Mais certains participes passés se terminent par une consonne. Pour savoir comment les écrire, il faut les mettre au féminin.

compris (comprise) – fait (faite) – peint (peinte)

- **ce (c'), se (s') ou ceux**

Ce (c') devant un **verbe** peut se remplacer par **cela**. **Ce** sera bien. **C'**est bien.

Ce devant un **nom** peut se remplacer par **le**. Prends **ce** stylo.

Se (s') fait partie du verbe. Il **se** regarde. (Je me regarde, tu te regardes.)

Ceux est le pluriel de **celui**. Donne-moi **ceux**-là. (celui-là)

CONSEILS PARENTS
Donnez d'autres exemples de participes passés finissant par une consonne : pris / prise – dit /dite – écrit/ écrite, etc.

1 Le pluriel.
Mets au pluriel les groupes de mots suivants.

- cette délicieuse pâtisserie → ces ....
- un fait peu ordinaire → des ....
- une question → d'autres ....
- une nappe multicolore → des ....
- un kilomètre → tant de ....

Ajouter la marque du **pluriel**, c'est simple, et pourtant son oubli est toujours à l'origine d'un grand nombre de fautes d'orthographe. Alors, fais attention !

2 Les mots difficiles.
Complète les phrases avec les verbes suivants :
demande – dit – peux-tu – apparaissent – se posent – sont remplies – ont fait – se fait entendre – ce sera – pour remercier – à poser.

Tout à coup, des soucoupes volantes .... sur le sol. Un bruit métallique .... Des hommes ...., tenant à la main des instruments étranges. Qui sont ces personnages qui .... ici leur apparition ? Lisa quitte le groupe des enfants, car elle a des questions .... Elle .... au premier individu qu'elle rencontre : « Pouvez-vous m'expliquer d'où vous venez ? » L'homme .... : « Oui, ... avec plaisir. Mais avant, ... me donner de l'eau ? » Lorsqu'un peu plus tard toutes les outres ...., ... Lisa et ses amis, il leur dit tout de la planète d'où il vient.

DICTÉE PRÉPARÉE **Des faits peu ordinaires**

Les enfants sont surpris par l'aventure du professeur Pic et ils ont encore d'autres questions à poser. Mais Ariane demande : « Père, peux-tu maintenant, pour remercier ceux qui ont fait tant de kilomètres pour te retrouver, leur offrir un gouter ? » Au plus grand étonnement de tous, des tables apparaissent et se couvrent, comme par magie, de nappes multicolores. Des coupes se posent devant les enfants : elles sont remplies de noix, d'amandes, de gâteaux et d'autres choses délicieuses. Et comme venue du ciel, au même instant, une merveilleuse musique se fait entendre.

à suivre…

CONSEILS PARENTS

- *Avant la dictée, demandez à votre enfant comment se termineront les mots surpris, peux-tu, nappes multicolores, remplies, noix…*
- *goûter → gouter.*

3 **Le participe passé.**
Écris le participe passé de ces verbes au masculin puis au féminin.

- dire → ....
- écrire → ....
- faire → ....
- apprendre → ....

Prononce les participes à haute voix, en commençant par le **féminin**. Par exemple : **prendre** → *prise, pris*. Au féminin, on entend ainsi la consonne finale « **s** ».

4 **se (s'), ce ou ceux ? Complète le texte avec se (s'), ce ou ceux.**

Dans .... jardin public, il y a .... qui lisent leur journal et .... qui marchent à grands pas. Lorsque la pluie .... met à tomber, il y a .... qui .... mettent à courir et .... qui remontent seulement le col de leur manteau tandis que l'averse continue de .... abattre sur eux.

Et maintenant, fais-toi dicter le texte ci-dessous.

DICTÉE NON PRÉPARÉE **La nuit de tous les dangers**

Ce soir-là, il était à peine endormi qu'il a été poursuivi par de terribles cauchemars. Ses camarades et lui étaient perdus au milieu de l'océan sur un petit bateau qui ne pouvait résister à la tempête. D'immenses vagues étaient sur le point de les emporter. Ils étaient entourés de redoutables monstres marins, de requins. Ils appelaient à l'aide, mais en vain… Soudain, il était violemment secoué : quelqu'un venait le réveiller. Tout à coup, ses cauchemars avaient disparu, comme des ombres dans la nuit.

Corrigés p. 7

DICTÉE

23 Préparation à la dictée

JE COMPRENDS

▸ **Le futur et le futur antérieur**

Quand j'aurai fini mes devoirs, je sortirai.

FINIR		PARLER	
Futur	**Futur antérieur**	**Futur**	**Futur antérieur**
je finirai	j'aurai fini	je parlerai	j'aurai parlé
tu finiras	tu auras fini	tu parleras	tu auras parlé
il (elle) finira	il (elle) aura fini	il (elle) parlera	il (elle) aura parlé

Apprends par cœur la conjugaison de ces verbes puis récite-la.

▸ **ge, gi – gea, geo – ga, go, gu**

On obtient le **son « je » ou « ji »** en écrivant **ge**, **gi**. la gelée – la gifle

On ajoute un **-e** avant un **-a ou un -o** :

la vengeance – l'orangeade - le plongeon.

On obtient le **son « g(u) »** en mettant un **u avant -e ou -i** :

la guerre - la guêpe – la guirlande.

CONSEILS PARENTS

Quand deux actions se succèdent, la première – celle qui se passe avant – est au futur antérieur, la deuxième au futur.

1 **Du futur au présent. Mets les verbes au présent de l'indicatif.**

- Il le prendra. → Il ....
- Je l'enseignerai. → ....
- Tu le voudras. → ....
- Il sourira. → ....
- Il s'y trouvera. → ....
- Il le dira. → ....

Attention à la terminaison du verbe **faire** au futur en **-rai**, **-rez**.

2 **Le futur antérieur. Mets le verbe entre parenthèses au futur antérieur.**

- Je viendrai quand j'(*finir*) ....
- Prévenez-moi dès que vous (*terminer*) ....
- Vous le saurez car je vous l'(*enseigner*) ....
- Vous serez contents lorsque vous (*réussir*) ....

3 **Accentuation. Ajoute les accents qui manquent.**

la cle – le mystere – peut-etre – le pere – reussir – quant a – etonner

4 **Mots difficiles. Complète chaque mot avec la lettre qui lui manque.**

le secre........ • profon........ • le ravis........eur • la bagar........e
• le profes........eur • la s........ience • le méchan........ • surtou........

DICTÉE PRÉPARÉE La clé du mystère

« Quand vous aurez fini votre gouter, reprend Ariane, mon père vous parlera peut-être de ses pouvoirs. » « Moi, dit Antoine, je veux surtout savoir où sont les méchants et où se trouve le livre de science magique. » Le professeur Sic sourit. « Vous serez étonnés lorsque vous le saurez.
À la suite d'une bagarre, mes ravisseurs sont tombés dans l'océan profond et aucun n'a réussi à regagner le bateau. Quant aux mystères et secrets du livre, un jour je vous les enseignerai. »

à suivre…

CONSEILS PARENTS
- *Rappelez à votre enfant qu'aucun ne prend jamais de s, et ses s'écrit avec un s quand il veut dire « les siens ».*
- *goûter → gouter.*

5 Le participe passé. Écris le participe passé des verbes entre parenthèses.

J'ai (*écouter*) .... ● J'avais (*étudier*) .... ● Elle sera (*revenir*) .... ● On est (*tomber*) .... ● Nous sommes (*arriver*) .... ● Il a (*sourire*) .... ● Il avait (*rire*) ....

Dans les temps composés, après **être** et **avoir** conjugués, le participe passé des verbes en **-er** s'écrit **-é**.

6 ge, gi – gea, geo ou ga, go, gu. Complète les mots.

J'ai douze ans ; et toi, tu as quel â....... ? ● Calme-toi : tu t'a.......tes trop ! ● Nous parta.......rons en deux. ● Nous voya.......rons par le train. ● Il a eu la rou.......ole. ● Sur le bateau, il y a un car.......ison de charbon. ● Il ne connait rien à la navi.......tion : il ne peut pas navi.......er. ● Elle récite une conju.......ison. ● Après ce mot, ajoute une vir.......le. ● C'est un angle ai....... .

Et maintenant, fais-toi dicter le texte ci-dessous.

DICTÉE NON PRÉPARÉE Le paradis retrouvé*

À cette époque, dit-on, les mortels vivaient comme des dieux. Les rochers pouvaient marcher. La paix régnait dans le monde entier. Les gens vivaient des centaines d'années. Lorsqu'un nouveau déluge aura en partie détruit la Terre, lorsqu'il n'y aura plus ni maladies, ni conflits – alors naitra, sur notre terre, un paradis.

D'après **Hésiode**, *Une légende chinoise et un poète catalan*, Jacinti Verdager.

Sais-tu qui était Hésiode ? Cherche dans une encyclopédie !

CONSEILS PARENTS
- *L'astérisque renvoie à des explications situées dans les corrigés.*
- *naître → naitra.*

Corrigés p. 7

DICTÉE 24

Préparation à la dictée

JE COMPRENDS

L'accord du participe passé

Elle est revenue. Elle a tenu sa promesse.

Construit avec **être**, le participe passé **s'accorde avec le sujet du verbe**.
On trouve le sujet du verbe en posant la question **Qui ?** avant le verbe.

Louise est venu**e**. Louis est ven**u** aussi. – Qui est venu ? – Louise. Louis.

Construit avec **avoir**, le participe passé **s'accorde avec le complément d'objet du verbe** s'il est placé **avant le verbe**.
On trouve le COD en posant la question **Quoi ?** ou **Qui ?** après le verbe.

La découverte qu'ils ont fait**e**. – Ils ont fait (quoi ?) – La découverte.
Le COD est avant le verbe.

Le pluriel des noms et des adjectifs

N'oublie jamais d'accorder les noms et les adjectifs au pluriel : sauf en de rares exceptions, ils prennent toujours un **s** ou un **x**.

des histoire**s** magique**s** – de beau**x** château**x**

Sept noms en **-ou** prennent un **x** au pluriel.

bijou – caillou – chou – genou – joujou – hibou – pou

CONSEILS PARENTS
Cette leçon est une révision sur l'accord du participe passé. Pour consolider ses connaissances, proposez à votre enfant de réviser régulièrement toutes les leçons de ce cahier : il sera prêt pour la 6e !

1 **Le participe passé. Écris le verbe entre parenthèses au participe passé.**

- Il aurait (*aimer*) ....
- Il avait (*conclure*) ....
- Ils ont (*entendre*) ....
- Elles avaient (*retentir*) ....
- Ils sont (*arriver*) ....
- Elles sont (*venir*) ....

Après **sont** (auxiliaire être), il faut **accorder le participe passé** avec le sujet.

2 **Le pluriel. Mets tous les mots au pluriel.**

- une vraie explication → ....
- une couleur brillante → ....
- une puissante sirène → ....
- une autre question → ....

Avant un adjectif au pluriel, on peut écrire « des » ou « de », « d' ».

3 **Mots difficiles. Utilise ces mots pour compléter le texte :**
l'été – ile – perroquet(s) – des zèbres – apprivoisé(s) – professeur – crainte – rendez-vous – C'est – s'approcher.

.... décidé. Nous avons ...., tous ensemble, ... prochain sur une .... lointaine. Il y aura des ...., ... et même des tigres dont il ne faudra pas .... avant qu'ils ne soient ...., de .... d'être dévorés ; mais le .... Sic sera là pour nous protéger !

Tu devras décider s'il faut, dans l'exercice, écrire « perroquet » ou « perroquets », « apprivoisé » ou « apprivoisés ».

DICTÉE PRÉPARÉE — Rendez-vous au prochain été

Les enfants, très occupés, n'avaient pas entendu les animaux de l'ile s'approcher. Comme c'était étrange ! Il y avait des perroquets aux couleurs brillantes, des zèbres, des tigres et de grands serpents. « Vous n'avez rien à craindre. Ils sont apprivoisés ! » a dit doucement le professeur Sic. Antoine aurait aimé avoir de vraies explications, mais c'est à ce moment précis qu'avaient retenti les puissantes sirènes des bateaux de la police. Le savant avait conclu : « Je devine que vous avez d'autres questions. Pour tout savoir, je vous donne rendez-vous ici, l'été prochain ! »

FIN

CONSEILS PARENTS

• Grâce aux dictées de ce cahier, votre enfant a vu toutes les conjugaisons du programme et appris à écrire beaucoup de mots difficiles. Encouragez-le : il a déjà fait beaucoup de progrès.
• île → ile.

Tu as lu toute l'histoire du professeur Sic : imagine une suite !

4 Le pluriel. Mets les noms et les adjectifs au pluriel.

- une étoile (brillant) → des ....
- une consigne (précis) → ....
- une question (amusant) → ....
- la semaine (prochain) → ....

5 Le participe passé employé comme adjectif. Mets ces mots au pluriel.

- une rue animée → des ....
- un rendez-vous manqué → ....
- l'énigme résolue → ....
- ce lieu inconnu → ....
- cette ile enchantée → ....

Si tu as fait tous les exercices du cahier, bravo ! Tu es prêt(e) pour aborder le collège !

Et maintenant, fais-toi dicter le texte ci-dessous.

DICTÉE NON PRÉPARÉE — L'ile la plus mystérieuse

L'Atlantide aurait été située au large des Açores, dans l'océan Atlantique. Elle était merveilleuse de beauté et de richesse. Il n'y avait ni crime, ni dictature, ni esclavage. Ses habitants étaient beaux et bons. Mais ils ont changé : ils ont voulu asservir d'autres peuples. Alors, les dieux les ont punis : l'ile a été engloutie. Depuis, des savants du monde entier l'ont recherchée. Mais on n'a toujours pas retrouvé le secret de ce paradis perdu.

D'après *Platon et une enquête*, Science et Vie Junior, n° 9.

Plusieurs iles sont évoquées (p.51, 53, 55, 61). Laquelle te parait la plus intéressante ?

CONSEILS PARENTS

île → ile.

Corrigés p. 8

Bilan

1 Les verbes terminés par -guer, -quer, -cer, -ger

Conjugue ces verbes aux temps et aux personnes indiqués.

Compte 2 points par bonne réponse.

- distinguer (*présent de l'ind., 3e pers. sing.*) → ....
- effacer (*imparfait, 1re pers. plur.*) → ....
- voyager (*imparfait, 2e pers. sing.*) → ....
- expliquer (*présent de l'ind., 2e pers. plur.*) → ....
- tracer (*imparfait, 1re pers. sing.*) → ....
- rédiger (*présent de l'ind., 3e pers. plur.*) → ....

Note .... / 12

2 Le passé simple

Conjugue ces verbes au passé simple.

Compte 1 point par bonne réponse.

DEVENIR

je ....

tu ....

il ....

nous ....

vous ....

ils ....

COMPRENDRE

je ....

tu ....

il ....

nous ....

vous ....

ils ....

Note .... / 12

3 Dictée non préparée

Complète avec ceux, ce, se, n'y ou ni, puis fais-toi dicter le texte.

Compte 1 point par bonne réponse.

– Je .... comprends rien. Durant la nuit, tout .... qui .... trouvait sous les hangars a été détruit. Or, nous n'avons vu .... voleurs .... ennemis.

Une troupe va être de garde jusqu'au matin. Et gare à .... qui s'endormiront !

Je veux que, ... soir, des responsables .... mettent en faction et .... tiennent prêts.

– .... sera fait !

Note (préparation) .... / 10

Note (dictée) .... / 10

4 Dictée non préparée
Le passé simple

Des inventions

C'est au cours de ces 130 dernières années que l'on a inventé toutes sortes d'objets qui rendent la vie quotidienne plus facile, plus agréable.
Ce sont des Français qui inventèrent le principe de la machine à vapeur, celui de l'appareil photo ou celui du réfrigérateur. Ce sont surtout les frères Lumière qui inventèrent le cinéma. Ce sont des Américains qui mirent au point la lampe électrique et le téléphone. Ces innovations, à l'époque, soulevèrent l'enthousiasme de tous.

D'après *Histoire CM*, Éd. Hatier.

Note .... / 10

5 Dictée non préparée
Les temps composés

De terribles guerres

Durant ces cent dernières années, des progrès considérables ont été réalisés dans les domaines scientifiques et techniques. De terribles guerres, néanmoins, ont plusieurs fois secoué l'Europe. Voici la lettre d'un jeune homme qu'on a exécuté en 1941. Il écrit à ses parents, la veille de sa mort :
« Je vais mourir. Ce que je vous demande, à toi en particulier, petite maman, c'est d'être courageuse. Je le suis et je veux l'être autant que ceux qui sont passés avant moi. Certes, j'aurais voulu vivre, mais ce que je souhaite de tout mon cœur, c'est que ma mort serve à quelque chose... 17 ans et demi. Ma vie a été courte. Je n'ai aucun regret si ce n'est de vous quitter tous... »

Histoire CM, Éd. Hatier.

Note .... / 10

Corrigés p. 8

Mémo Chouette

MOTS À RÉVISER
Ces mots feront l'objet de dictées de mots (5 à 10 mots à la fois)

- **Verbes*** (À la gauche d'un verbe conjugué, on peut écrire « je, tu, il... ».)

apercevoir – s'arrêter – s'habiller – s'appeler – habiter – interdire – célébrer – annoncer – permettre – examiner – amener – lancer – enlever – renverser – délivrer – enfoncer – connaitre – expliquer – se réunir – commencer – posséder – contenir – provoquer – comprendre – rôder – s'asseoir – s'évanouir – interroger – bâtir – explorer – attraper – apprendre – mêler – suspendre – attendre – s'approcher – applaudir – entrainer – souffler – essayer – offrir – apprivoiser – localiser – retentir – habiller – ralentir – se renseigner – maitriser – mélanger – accompagner – s'accroitre – étinceler – accélérer – naviguer – emporter – se réveiller.

* Remarque : ici, les verbes sont à l'infinitif. Lorsqu'on entend « é » à la fin du mot, on écrit -er.

- **Noms** (Avant un nom, on peut écrire « le, la, les... ».)

le début – la plage – la grille – le virus – le rhume – la grippe – la rougeole – la varicelle – le hiéroglyphe – une appellation – le professeur – le fou – la trompette – le carrefour – la farce – le jongleur – la place – la veille – la phrase – la pyramide – la pièce – le détail – la langue – la recette – la catastrophe – la campagne – le voyageur – le fantôme – la cheminée – le fauteuil – la planète – le sosie – un poème – la musique – le groupe – le renseignement – le maçon – un architecte – le cosmonaute – la fusée – le bonheur – la science – le peintre – le pays – le soleil – la chaleur – la fleur – une ombre – le musée – la beauté – un attrait – le cœur – la sortie – la trace – le grenier – une malle – une formule – les parents – une enquête – le gendarme – la police – une activité – un indice – une absence – un appétit – la terre – la proie – le fourré – le talus – le sort – le héros – la pharmacie – un médicament – une carafe – la fée – le sommeil – le berceau – une indication – la connaissance – une ile – le grimoire – la chaussette – le ramage – le phénix – un hôte – la côte – la plongée – un océan – le conseil – le théâtre – une héroïne – la disparition – la légende – le bijou – le malheur – la peur – le lendemain – une expédition – le chasseur – le siècle – la lueur – un lionceau – la flamme – la barre – le garçon – le paradis – une otarie – la fourrure – le manchot – le lézard – un espace – le gouter – la magie – la nappe – le cauchemar – la vague – le requin – le contenu – le perroquet – le zèbre – la sirène – le rendez-vous – la vérité – le savant – la déception.

- **Adjectifs** (Ils peuvent avoir un masculin et un féminin, un singulier et un pluriel.)

mystérieux – bleu – sûr – blond – français – public – joyeux – bruyant – nouveau – vieux – violet – petit – fou – dangereux – attentif – curieux – prodigieux – laid – riche – profond – étrange – vrai – prochain – malfaisant – intéressant – heureux – fabuleux – sain – monstrueux – merveilleux – immense.

- **Mots invariables** (Ils s'écrivent toujours de la même manière.)

soudain – d'habitude – aujourd'hui – en effet – infiniment – néanmoins – depuis – autour – longtemps – loin – jamais – déjà – pendant – comment – d'abord – derrière – lorsque – partout – heureusement – voilà – davantage – seulement – malheureusement – évidemment – parfois – désormais – moins – toujours – immédiatement – grâce à – naturellement – dès que – à travers – bientôt – doucement – tendrement – maintenant – beaucoup – en réalité – hors de – tard – par hasard.